Flensburger Hefte

Mitwelt erleben

Die Welt und wir sind eins

Lizenzangaben für die Bilder in diesem Buch:

FH: Flensburger Hefte Verlag
OTRS: Open-source Ticket Request System (Rechte freigegeben)
CC-By-SA: Creative Commons Attribution ShareAlike 1.2 License oder höher
CC0 1.0: Verzicht auf das Copyright
gemeinfrei: Rechte abgelaufen
GNU: GNU General Public License
http://de.wikipedia.org/wiki/GNU_General_Public_License
PD: public domain: Rechte vom Autor/Fotograf/Zeichner freigegeben
® Symbol für eingetragene Marke

Die Quelle der Bilder ist www.wikipedia.de oder http://commons. wikipedia.org mit Ausnahme der Bilder mit eigener Quellenangabe!

Zu den Steiner-Zitatangaben in den Flensburger Heften: Die GA-Nummern beziehen sich auf die jeweilige Bibliographie-Nummer der Rudolf Steiner Gesamtausgabe im Rudolf Steiner Verlag, Dornach/Schweiz. Danach sind in der Regel das Erscheinungsjahr der benutzten Ausgabe, das Vortragsdatum bzw. Kapitel und die Seitenzahl angegeben, von der Autor-, Titel- und Ortsnennung wird abgesehen. Nach Bibliographie-Nummern geordnet ist die Rudolf Steiner Gesamtausgabe im Katalog des Rudolf Steiner Verlags aufgeführt. Der Katalog ist durch den Buchhandel erhältlich.

Aus dem Inhalt

Liebe Leserinnen und Leser!

Dieses Buch beginnt mit einem Experiment: Für das Lesen dieses Buches werden Sie etwa sechs bis sieben Stunden benötigen. Ich werde Ihnen jetzt zusätzlich eine Übung zur Kontemplation vorschlagen, die Sie – das ist das Experiment – in den kommenden Tagen viermal für jeweils etwa fünfzehn Minuten durchführen können. Beobachten Sie, was mit Ihnen dadurch geschieht, gerade wenn Sie in diesen Tagen dieses Buch lesen werden.

Los geht's! Ich werde Ihnen gleich zwei sehr einfache Fragen stellen, zu denen Sie bitte dann die entsprechende Antwort denken. Stellen Sie sich aber erst einmal vor, Sie würden sich von außen betrachten, wie einen anderen Menschen: Dann können Sie sich jetzt, bei geschlossenen oder geöffneten Augen, in Ihrer Vorstellung vor sich sehen. Nun sehen Sie davon ab, daß Sie Frau oder Mann sind. Weg damit! Ignorieren Sie ihr Alter. Vergessen Sie für einen Moment Ihren Beruf, Ihre Nationalität, die Tatsache, daß Sie Mutter oder Vater sind. Lassen Sie die augenblickliche Stimmung unberücksichtigt, ebenso Ihre Erinnerungen und Ahnungen. Befördern Sie aus Ihrer Aufmerksamkeit alles heraus, was sich auf Ihre konkrete Biographie, auf gemachte Erfahrungen und Prägungen bezieht. Und nun die erste Frage: *Wer sind Sie?* Die Antwort wird jetzt schlicht und einfach sein: *ein Mensch!*

Das, was Sie nun vor sich sehen bzw. erleben, ist ein Lebewesen einer bestimmten, eben der menschlichen Art. Sie haben diesen Eindruck nun unverstellt, weil Sie sich vorher von allem befreit haben, was an Alltäglichkeiten einen Menschen zu einer konkreten Person macht. Durch Aufgaben, Erfahrungen, biologische Prägung, Freuden und Leiden zeichnet sich ein Mensch aus, der Emil, Christiane, Maria oder Willi heißen könnte. Diese „Alltäglichkeiten" – ich ordne sie dem von mir so genannten Bereich des Existentiellen zu – umgeben den eigentlichen Menschen, der wir alle sind. Darin eingekleidet, also hinter einer Fassade verborgen, ist *der* Mensch zu finden, wenn und wo wir zu ihm durchdringen. Das haben Sie soeben getan. Sie haben einen ersten, zarten Eindruck von dem gewonnen, was die Antwort „Ein Mensch!" bezeichnet. Versuchen Sie sich das jetzt so klar wie möglich zu machen. Versuchen Sie vor diesem Hintergrund sich selbst als einen Menschen, und nur als das, zu erleben. Fühlen Sie: „Ich bin ein Mensch!" Dann frage ich Sie jetzt – zweitens – daran anschließend: *Was wollen Sie als Mensch bewirken?*

So sehr Sie über diese zweite, ebenfalls sehr einfache Frage erstaunt sind, so sehr können Sie versuchen, ihre Dimension zu erleben. Sie begegnen dieser Frage jetzt nicht als Mutter, Zimmermann, Landwirt oder Ärztin; von alledem haben Sie sich für diesen Moment ja befreit. Sie sind jetzt für einen Augenblick weder Mann noch Frau, keine Großmutter und kein Student, sondern einfach nur „Mensch". Und noch mal: *Was wollen Sie als Mensch bewirken?*

Ihnen wird diese Frage, jetzt, in diesem Zusammenhang, wahrscheinlich als nicht sehr passend erscheinen. Aber ich will Ihnen helfen. Es gibt Situationen, in denen Sie den ersten Teil der Übung nicht extra absolvieren müssen. Das sind Momente des alltäglichen Lebens, in denen alles Existentielle plötzlich seine Bedeutung verloren hat, in denen es auf nichts Besonderes mehr ankommt. Zweifellos sind das, auch wegen ihrer befreienden Wirkung, ergreifende Momente. Die kennen Sie ganz sicher. Erinnern Sie sich: Wie war es, als Sie bis über beide Ohren verliebt waren? Erinnern Sie sich an einen frischen, sonnigen Urlaubsmorgen? Haben Sie sich in der Nähe eines Menschen schon mal so richtig wohlgefühlt? Ist Ihnen schon einmal plötzlich, vielleicht nach langer, intensiver Überlegung, die Antwort auf eine wichtige Lebensfrage klargeworden? Für die Erfahrung solcher Augenblicke haben wir besondere Worte: Liebe, Glück, Geborgenheit, Erleuchtung ... Das Bemerkenswerte an diesen Begriffen ist, daß sie sich auf Erfahrungen beziehen, die man nicht wirklich und umfassend in Worten beschreiben kann. Man hat diese Erfahrungen, oder man hat sie nicht! Hilfreich für ihr Verständnis ist nicht, daß sie jemand erklärt, sondern daß einem Wege dafür aufgezeigt werden, sie selbst zu machen. Sie beziehen sich auf das essentielle Welterleben, das zugleich, von allem Existentiellen befreit, die ungetrübte, total ergreifende Erfahrung beinhaltet: Ich bin ein Mensch!

Erstaunlicherweise liefert die Erfahrung des Essentiellen zugleich die Antwort auf die zweite Frage. In Worten läßt sich auch diese Antwort nicht oder nur sehr schwer ausdrücken. Aber sie ist klar und unmißverständlich. Die Beziehung der Liebenden (z.B. zwischen Eltern und Kindern) zueinander beinhaltet eine klare Erfahrung dessen, was ein Mensch als Mensch bewirken will. Und wenn Glückliche so hochgestimmt sind, daß sie dann die ganze Welt umarmen könnten, ist das ein guter Beleg dafür, daß die ansatzweise reine Erfahrung des Essentiellen zugleich eine Erfahrung der absoluten Verbindung mit allem, was ist, beinhaltet.

Zu Beginn dieses Buches wollte ich Ihre Aufmerksamkeit auf das Erleben dieser Verbundenheit lenken. In den folgenden Kapiteln wird, aus unterschiedlichen Blickwinkeln betrachtet, detailliert davon die Rede sein. Sie werden darüber lesen, was uns Menschen zu dieser Verbundenheit führen und was uns davon abbringen kann. Es geht um das mitweltliche Erfahren des Lebens, das inklusiv ist, weil es keinen Unterschied zwischen dem Welt- und dem Selbsterleben mehr macht.

Was für einen Sinn kann das haben? Sehr gute Frage! Es kann ein neues Verhältnis zu Welt und Leben begründen, aus dem heraus wir Menschen auch uns selbst wieder näherkommen. Und weil wir dann vieles anders, in einem neuen Licht, sehen werden, werden wir auch anders mit der Welt umgehen. Genau *das* können wir als Menschen bewirken.

Tatsächlich: Es geht um nichts anderes als einen Sinn, und zwar ganz konkret!

Mitchell-Bay und Herdecke, Herbst 2014
Peter Krause

Teil 1

Leben im Sinn und Sein der Welt

„Es gibt keine zwei Universen, es gibt nur eines, und das Ganze ist Eines und trägt sich. Man kann sich wahrlich nichts außerhalb dieses Seins vorstellen und nichts, was nicht in einer Beziehung zu ihm stünde. Nichts ist, was nicht in Verbindung wäre zum Ganzen. In diesem Gedanken werden wir uns bewußt, daß das Ganze Eines ist."

(Gérard Klockenbring)

Die Welt, in der wir leben

Wir leben nicht auf, durch, für oder mit unserer Welt, sondern in ihr. Die Welt ist auch unsere Welt, es gibt keine andere, denn auf dem Mond, dem Mars, der Venus oder sonstwo können wir Menschen nicht leben. Unsere Welt ist für unser Leben ideal beschaffen. Es gibt keine bessere für uns. Kein Lebewesen hat es nötig, mit dieser unserer Welt erst mal bekanntgemacht zu werden. Man kennt sich nämlich bereits, von Anbeginn an. Es ist eine vornehme Aufgabe, sich als Mensch des Lebens in dieser Welt und seiner der Zukunft dienlichen Lebensweisen bewußt zu werden.

In dieser Welt leben wollen

Das eine ist das Faktum der existentiellen und essentiellen Teilhabe bzw. Verbundenheit, das andere das erworbene Wissen darüber. Wer versteht, daß jeder Mensch, ebenso wie jedes andere Lebewesen, idealiter total identifiziert, oder besser *inkarniert,* in unserer Welt lebt bzw. leben sollte, versteht nicht nur etwas von seinem eigenen Lebensraum, sondern auch etwas von sich selbst. Dabei ist dieses Wissen so zentral und elementar, daß es verwundern kann, wenn gelegentlich eine Debatte über die diesbezüglichen Tatsachen, über das Für und Wider, überhaupt notwendig zu sein scheint. Aber genau das ist es: Wir Menschen vergessen immer mehr, daß wir *in* unserer Welt leben – und das hat fatale Folgen, die uns allen gegenwärtig sind.

Eine Art Rückbesinnung auf die faktisch totale Verbindung von uns Menschen mit unserer Welt birgt aber auch die Chance in sich, zu einem gänzlich neuen Bewußtsein und Wissen zu finden, das es vorher so schon deshalb noch nicht gegeben hat, weil wir Heutigen es jetzt aus ganzer Freiheit selbst wollen (können). Es bestehen Forderung und Chance zugleich, das inklusive, mitweltliche Verhältnis zur Welt, in der wir leben, zum Bewußtsein zu bringen. Das bedeutet: Es geht nicht um Identifikation, denn das wäre für mein Verständnis zu wenig. Es geht um Inkarnation! Die aber ist ohne Vorbehalt und steht unter der Voraussetzung, daß sie – heutzutage mehr denn in früheren Zeiten – gewollt werden muß. Ohne einen solchen Bewußtseinsprozeß, der zur Inkarnation als Tatsache führt, wird kein Mensch wirklich in dieser Welt leben können. Auf dem Weg zur selbstgewollten Inkarnation werden wir Menschen uns auch selbst neu entdecken und erfahren. Sie ist darum auch die zentrale Aufgabe, der wir Heutigen uns, gerade in den unruhigen Zeiten und Prozessen des Wandels, zu stellen haben. Aber schauen wir uns zunächst etwas genauer an, was gemeint sein kann, wenn von dieser unserer Welt die Rede ist.

In Zeiten der Kindheit ist nach und nach unser Bewußtsein für eine große, mitunter überwältigende Welt erwacht, in die wir hineingeboren wurden. Leiblich wuchsen wir ihr in Gestalt und Fähigkeiten entgegen und lernten sie mehr und mehr zu handhaben. Parallel dazu haben wir gelernt, unsere Bedürfnisse in Zwecke zu übersetzen und im Umgang mit unserer Welt in Taten umzusetzen. Daraus entwickelte sich die Fähigkeit zu Veränderung und Wandlung des Vorgefundenen.

Während unserer Kindheit lernten wir aus Neugier. Die lieferte die beste Grundlage für das Bilden von Wissen und Fähigkeiten. Und diese Neugier stellte sich vor dem Hintergrund eines Staunens ein, das sich allerdings leider relativ bald verflüchtigte. Es blieb davon nur ein mehr oder weniger kleiner Rest für das Erwachsensein zurück. Schade eigentlich, aber auch charakteristisch für die Jetztzeit, in der offensichtlich häufig das dem Staunen zugrunde liegende essentielle Erleben der Welt nicht ausreichend Wertschätzung findet. Wozu das führt und was gewonnen werden kann, wenn es uns wieder gelingt, aus einer ehrfürchtigen, staunenden Haltung heraus mit der Welt umzugehen, soll später noch besonders vertieft werden, wenn es konkret um das mitweltliche Erleben und Handeln im Sinne einer spirituellen Ökologie gehen wird.

Unsere Welt

Wo befinden Sie sich jetzt gerade? Sitzen Sie auf einer sonnenbeschienenen Parkbank unter einem Baum? Oder in einem Zugabteil? Können Sie aus einem Fenster schauen, oder spüren Sie frischen Seewind im Haar? Ganz gleich, was und wo: Sie können sich sicherlich relativ gut unsere Erde als *Planetin* vorstellen. Sie haben eine Erinnerung an einen Globus aus Schulzeiten oder vielleicht gerade einen in Ihrer Nähe stehen. Wenn Sie den anschauen, können Sie bald bemerken, daß unsere Erde schon auf ihrer Oberfläche markant gegliedert ist. Land- und Wasserflächen sind durch geschwungene Küstenverläufe voneinander geschieden. Da sind die sieben Kontinente Europa, Asien, Afrika, Nord- und Südamerika, Australien und die Antarktis. Umgeben sind die kontinentalen Landflächen von drei Ozeanen. Im Norden vom nordatlantischen und nordpazifischen Ozean und dem Polarmeer,

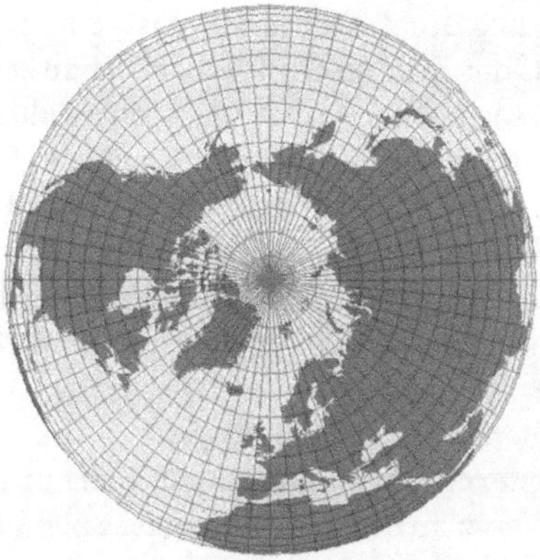

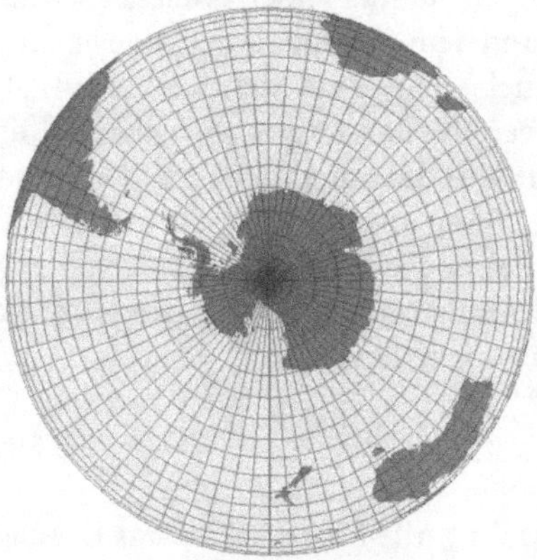

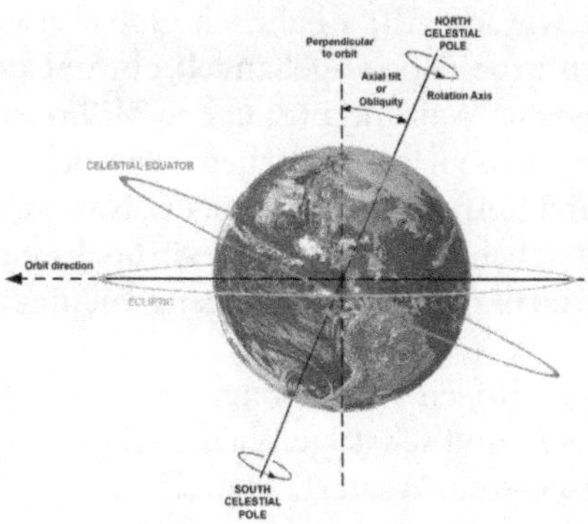

im Süden vom südatlantischen, indischen und vom südpazifischen Ozean. Hinzu kommen als markante Gebilde die Hochgebirge, die von Asien aus nach Europa in ostwestlicher Richtung verlaufen und auf den amerikanischen Kontinenten in nordsüdlicher Richtung. Wenn Sie einen Globus aus Glas vor sich hätten, könnten Sie ihn so einstellen, daß Sie schließlich, wenn Sie durch die Erde hindurchschauen, ein Gebirgskreuz vor sich sehen, das sich über die Landflächen der Erde spannt.

Nun ist die ganze Erde auch noch in Sphären gegliedert: in die Lithosphäre, Hydrosphäre, Atmosphäre und Thermosphäre. Hüllen, die *etwas* umgeben und an die sich weitere Hüllen anschließen, die schließlich in unerreichbare kosmische Weiten führen. Und unsere Mutterplanetin dreht sich: um die Sonne, um sich selbst und der Rotation ihrer eigenen Achse folgend. Seit gar nicht so langer Zeit weiß man, daß sich auch die Sonne auf einer Umlaufbahn bewegt und daß die Erde ihr, sie umkreisend, darauf folgt. Wegen der Drehungen der Erde und weil die Achse, um die sie sich dreht, nicht im Lot ist, gibt es die Jahreszeiten, die das Leben auf der Erde so wunderbar vielfältig zur Erscheinung bringen. Landmassen und weite Ozeane, Höhensphären und tiefe Gründe – sie sind alle in Bewegung: Aus den Tiefen der Erde strömen Magmen herauf, die sich, von den Mittelrücken am Grund der Weltmeere ausgehend, den Kontinenten entgegenbewegen, während oben Wassermassen in verschiedenen Aggregatzuständen die Räume der Biosphäre als von Winden getriebene Wolken durchströmen. Die Erde lebt!

In all diesem bewegten Leben, auf der Grundlage weit differenzierter Gliederungen und komplexer Erscheinungen, existiert unsere Welt. Das Angepaßtsein aller Wesen an ihre Umgebung ist, solange es ungestört bleibt, optimal. Der deutsche Geograph Alfred Hettner sah an der Wende vom 19. zum 20. Jahrhundert noch einen Zusammenhang zwischen der Lebensart und dem Charakter der Menschen und ihrer jeweiligen Umgebung. Auch wenn diese Sichtweise heutzutage von manchen Geographen als veraltet bezeichnet wird, beinhaltet sie doch eine Erkenntnis, die vom Grundsatz her nicht von der Hand zu weisen ist: Wir Menschen sind Wesen unserer Welt, die uns als solche prägt. Daran besteht kein Zweifel, auch wenn wir uns in den Feinheiten der charakterlichen Entwicklung und Lebensführung für relativ unabhängig von unserer Umgebung halten.

Organismus Erde

Bislang hat man sich daran gewöhnt, alle Prozesse, die das Leben der Erde ausmachen, nicht weiter zu bedenken, außer wenn es um deren Ausbeutung geht. Heutzutage werden z.B. alljährlich global etwa 4.400 Millionen Tonnen Weizen an den Börsen gehandelt, obwohl die Menge der gesamten, also weltweiten Weizenernte nur 670 Millionen Tonnen ausmacht. Warum liegt es so vielen Menschen eigentlich so fern, die Wandlungs-, Werde- und Reifungsvorgänge in der Natur als Ausdruck eigenen Lebens zu verstehen, demgegenüber es in höchstem Maße unethisch ist, wie wir uns im ökonomischen Umgang mit ihnen verhalten?

Die milden, zuweilen auch gewaltigen Wetterereignisse, vulkanische Eruptionen, blühende Wiesen und schattige Wälder, klare oder vielfarbige Kristalle, Auenlandschaften, Wasserfälle und Seen – soll das alles nur Zeugnis von kosmischen Entstehungsprozessen liefern, die nichts mit Lebenswillen und -äußerungen gemein haben? Eigentlich ist das nur schwer vorstellbar. Eine solche Reduktion im Erleben der Welt macht jenes empathielose Verhältnis zum Leben der Erde überhaupt erst möglich, aus dem heraus wir uns ihr gegenüber erschreckend rücksichtslos verhalten. Mit unseren Mitmenschen gehen wir, wenn wir sie lieben, ganz anders um.

Gesetzt den Fall, wir würden uns mit einem Menschen beschäftigen, der unsere Aufmerksamkeit besonders auf sich zieht. Vielleicht ist er krank, vielleicht ist er jemand, den wir besonders liebhaben. Stellen wir uns vor, wir würden ihm unsere Hand auf die Brust legen oder unser Ohr, um das in ihm schlagende Herz zu erleben. Zweifellos würden wir das mit entsprechenden Gefühlen begleiten. Was erleben wir dann? Was ist das für ein Organ, dessen Schlagen wir vernehmen? Der Herzschlag kann durch die jeweilige Verfassung des Leibes und der Seele beeinflußt sein. Irgendwie kommt in diesem einen Organ alles an, was dem ganzen Organismus gegenwärtige Tatsache ist. Es erscheint konzentriert an einem Ort und läßt Rückschlüsse auf eine allgemeine Befindlichkeit zu.

Jedes Herz ist materiell aus der gleichen Substanz, wie auch alles sonst in dieser Welt. Es ist aus dem gleichen Stoff wie die Bäume, die Steine, das Gras, die Tiere und das Meer, aber in einer anderen Ordnung, die die Erde an dieser Stelle Herz sein läßt. Das Organ nimmt eine bestimmte Aufgabe im Organismus wahr, für die es genau so geworden ist. Es wird vom Blut durchströmt, das durch Leib und Lunge gelenkt wird, es ist warm und verströmt meßbar Energie. Materie, Energie und eine gewaltige Menge an Informationen liegen dem Herzen und seiner Tätigkeit im Leib ebenso zugrunde wie jedem anderen Organ und Wesen dieser Welt. Drei Aspekte, drei Bereiche wirken sinnvoll geordnet zusammen und bilden so die entscheidende Grundlage für die Gegenwart von Leben – im einzelnen menschlichen Leib ebenso wie im großen Zusammenhang des Organismus der Erde.

Der menschliche Leib nimmt sich im Ganzen des Lebens nicht anders aus als die Erde selbst, die durch einen Weltraum voller Sterne und Planeten schwebt. Alles und jedes erscheint in Materie, Energie und Informationen, die zueinander geordnet sind und die ein dauerndes Werden und Vergehen umgreifen, das den eigentlichen Zauber und das Wunder des Lebens zur Erscheinung bringt. Wenn wir über die Welt nachdenken, können wir die Erde als Mesokosmos zwischen den makrokosmischen Weiten und dem Mikrokosmos Mensch verstehen. Und wir können versuchen, uns vorzustellen, daß alles Leben um uns herum vom Grundsatz her kein anderes als unser eigenes ist.

Vorbehaltlose Beziehung zur Welt

Mit dem Verhältnis zur Welt ist es nicht anders als mit jeder anderen Beziehung zu einem Lebewesen oder zu einer Lebenstatsache: Solange alles in guten Bahnen verläuft, solange es keine Störungen gibt, liebt es sich leicht. Aber das allein genügt erfahrungsgemäß nicht. Jede Beziehung wird, wenn sie gut ist, auch Krisenzeiten überdauern. Was zwei Individualitäten miteinander verbindet, offenbart sich in besonderer Qualität, wenn und wo es unerschütterlich bleibt, auch wenn manches auch mal nicht erwartungsgemäß und gut verläuft.

Übertragen auf unser Verhältnis zur Welt bedeutet das, daß es für eine wahrhaft mitweltliche Beziehung nicht ausreicht, nur das Schöne und Gute zu lieben. Die Ungereimtheiten, Unbilden, Katastrophen, Verletzungen und Erkrankungen gehören auch dazu. Es ist relativ einfach, sich in ein sentimentales Gefallen zu versteigen, wenn man Verbundenheit von allem mit allem erleben will. Aber Natur ist keineswegs nur lieblich, Leben nicht immer barmherzig! Auch all das, was wir Menschen im Laufe unserer Geschichte geschaffen und am Leib der Erde verändert haben, wird nicht als Ausnahme von unserer Liebe zur Welt gelten dürfen, wenn wir es mit ihr wirklich ernst meinen. Gänseblümchen und Plutonium, Wale und Mastschweine, Wildkirschen und Gummibärchen, Wasserquellen und Bohrlöcher, Schafhirten und Fabrikarbeiter, Höhlen und Häuser, Blumenzwiebeln und Granaten können und sollen gleichviel mitweltlich erlebt und geliebt werden?!

Dabei kommt es wohl in erster Linie darauf an, wie wir die verschiedenen Dinge, Lebensformen und Sachverhalte der Welt erleben. Begegnen wir ihnen mit einem bereits vorgefaßten Urteil? Es wäre nur zu verständlich (und kaum anders möglich), wenn jemand Plutonium z.B. schlecht findet. Dabei können wir diesen u.a. auch von uns Menschen produzierten Giftstoff tatsächlich nicht ignorieren; er behält seine Bedeutung, fordert unsere Aufmerksamkeit aufs Äußerste heraus, ob wir das nun wollen oder nicht. – Gefährliche Giftstoffe, Waffen, durch Manipulationen verkrüppeltes Leben, unnatürliche, urbane Ballungsräume, Konsumtempel und Folterkeller – das alles ist da, in unserer Welt, weil Menschen das so gewollt haben. Oder können wir schon mal sagen: Weil *wir* Menschen das so gewollt haben? Die Suche nach dem Ansatzpunkt für eine nicht ausschließende Mitweltlichkeit wird bereits zu einer Zweiheit: Es geht um eine bestimmte Erkenntnishaltung der Welt *und* unseren Mitmenschen gegenüber. Niemand kann etwas, das zur Welt gehört, als solches wirklich ignorieren, und kein Mensch kann seine Zugehörigkeit zur Gemeinschaft der Menschen auf

Erden verleugnen oder unter Bedingungen stellen, nur weil ihm etwa irgend etwas von dem nicht paßt, was vorangegangene Generationen wollten und ergo geschaffen haben. Wir sind nicht nur zur Mitweltlichkeit veranlagt, sondern können ihr noch nicht einmal ohne Mühe ausweichen. Man kann sie, im Gegenteil, sogar sehr leicht erreichen, wenn man nur wachen Sinnes am Leben der Welt teilnimmt.

Die Veränderungen der Welt, die sich im Sinne eines von Aktion und Passion getragenen Wandels ereignen, betreffen immer alle und alles. Es wird nicht nur für die Kirschbäume Frühling, und der Klimawandel macht auch vor einem Ökodorf nicht halt. Der tatsächlichen Verbundenheit von allem begegnen wir leider oft mit ziemlich kümmerlichen Theorien von Separation und Individualismus. Freilich hängen wir diesem dürren Irrtum mit starkem Glauben an, denn anders könnten wir in unserem Alltag in seiner bislang gestalteten Form nicht sehr lange bestehen: Alle Zinserträge sprächen zu uns von der Vernichtung von Existenzen, Smartphones bekämen eine Aura aus Sklavenblut, das Fleisch in der Kühltheke im Supermarkt würde nach Todesangst stinken, das azurblaue Meer würde sich in eine radioaktive Kloake verwandeln – und der liebe Nachbar zum Monster mutieren. Das bleibt uns nur deshalb erspart, weil wir keinen Sinn für eine direkte Erfahrung der Folgen unserer Taten haben. Das bietet uns die zweifelhafte Chance, Mitweltlichkeit verleugnen zu können, nur um weiter unseren Egoismen zu frönen: Saus und Braus auf breiter Front – ohne Mitleid und Erbarmen!

Aber Wandlung kann nur dort und dann effektiv sein, wo bzw. wenn sie auf uneingeschränkte Zuwendung gegründet ist. Was unsere Beziehungen zu den nächststehenden Mitmenschen betrifft, wissen wir das. Familie und Freunde stehen in der Regel bei uns allen in hohem Kurs. Aber wie familiär, oder mindestens freundschaftlich, sind unsere Gefühle gegenüber Unbekannten, z.B. gegenüber Menschen auf anderen Kontinenten, gegenüber Wildtieren und -pflanzen oder gegenüber dem Nordpol, dem Regenwald oder der städtischen Mülldeponie?

Die uns anvertraute Welt

Wir folgen gewöhnlich immer einer bestimmten Nomenklatur, wenn wir über das Mensch-Welt-Verhältnis befinden – einer Nomenklatur, die nicht selten auf dem Gegensatz von Gut und Böse beruht. Aufgrund unserer Bewußtseinsfähigkeiten wissen wir uns dazu in der Lage, darüber jeweils angemessen und situationsgerecht zu befinden. Und so unterscheiden wir dem Leben Hinderliches und Förderliches voneinander. Danach erwählen wir, was uns auf unserem Weg weiterbringt. Zu allem anderen treten wir in selbstgewollte Opposition. Über die Art des Verhaltens selbst entscheiden zu können zeichnet uns als Menschen aus. Unsere Welt ist aufgrund dieser Tatsache zu dem geworden, was und wie sie gegenwärtig ist. Und nun regen sich bei immer mehr Menschen Zweifel, sowohl am Zustand der Welt als auch an den Fähigkeiten der Menschen, die die Welt derart verändert haben. Offensichtlich sind wir Menschen mit unseren Möglichkeiten bisher nicht gut umgegangen. Verstand und Gewissen haben sich, voneinander getrennt, sozusagen auf unterschiedlichen Hochzeiten vergnügt.

Hegen, pflegen – und zerstören?

Denken Sie jetzt mal an einen Landwirt, der mit seiner Aufgabe versiert und liebevoll umgeht. Er hat eine persönliche Beziehung zu den Tieren auf seinem Hof, zu den Feldern und Wäldern, die seiner Pflege anvertraut sind. Malen Sie sich in Ihrer Vorstellung jetzt mal aus, wie ein solcher Mensch seiner Arbeit nachgeht, wie er seinen Blick über die Felder wandern läßt, die Kühe melkt und die Hühner füttert. Und nun stellen Sie sich vor, wie genau dieser Bauer mit einer lärmenden Kettensäge eine über hundert Jahre alte Buche zu Fall bringt, um sie danach zu Brennholz zu verarbeiten; oder wie er eine Gruppe von Schweinen aus dem Stall auf einen Hänger treibt, damit sie schließlich im Schlachthof getötet und verwurstet werden. Wie fügen sich das romantische und das eher spröde, alltägliche Bild vom Landwirt in Ihnen zusammen?

Eigentlich finde ich, daß wir die Rolle von uns Menschen, die wir im Zusammenhang der Lebewesenwelt spielen, ganz gut als die eines Landwirts oder Gärtners verstehen können. Unsere Fähigkeiten und Möglichkeiten können nicht nur uns selbst, sondern besonders auch anderen Lebensformen und Lebewesen zu Diensten sein. Jedenfalls, wenn wir sie dafür treusorgend einsetzen. Nun ist ein gärtnernder Mensch nicht nur der Hege und Pflege ergeben, sondern auch an möglichst guten Ernten interessiert. Das Wachstum der Pflanzen wird gefördert, damit sie reiche Frucht bringen – die schließlich vom Baum gepflückt werden. Möhren werden aus dem Boden gezogen, Salate von den Wurzeln geschnitten…

Wie gehen wir Menschen eigentlich mit der Natur um? Was dem Baum die Säge, ist der Kuh das Schlachtmesser oder der Mücke die Zeitung. Kann man die Natur lieben und sie trotzdem im nächsten Augenblick zerstören? Wenn sich das auf einen maßvollen Umgang beschränkt, werden wir das unter Umständen bejahen und auch nicht unbedingt von Zerstörung sprechen. Aber was ist es denn anderes, wenn auf dem Feld das Erwünschte und Nichterwünschte mit der Hacke voneinander getrennt wird? Daß wir verklärend von Beikräutern sprechen, wenn wir sogenanntes Unkraut meinen, ändert an der Tatsache nichts wirklich, wenn es darum geht, daß zur Pflege des einen unter Umständen auch die Beseitigung des anderen gehört. Würde man das verleugnen, ginge man an der Wirklichkeit vorbei.

„Daraus, daß etwas zerstört worden ist, folgt noch nicht, daß dies nicht hätte geschehen dürfen. Auch wenn ein Haus naturnah gebaut wird, müssen Bäume ihr Leben lassen oder Steine zerschlagen werden. Damit eine Skulptur aus Stein oder Metall entstehen kann, wird die Erde aufgerissen und verletzt. Wenn Kultur der menschliche Beitrag zur Naturgeschichte ist, kann die Welt nicht so bleiben sollen, als wenn es keine Menschen gäbe. So richtig es ist, in der Umweltkrise dem Überschwang der Veränderung die möglichst weitgehende Enthaltsamkeit von den bisherigen Zerstörungen entgegenzusetzen: Uns so zu verhalten, als wären wir nicht da, scheint mir keine Lebensregel zu sein, die den Sinn des menschlichen Lebens trifft. Wieweit aber dürfen wir um den Preis anderen Lebens leben? Wofür sind wir verantwortlich, und wo beginnt die Hybris? Wo scheiden sich Kultur und Zerstörung?“ (Klaus Michael Meyer-Abich: *Aufstand für die Natur*, München und Wien 1990)

Klaus Michael Meyer-Abich

Im eigenen Sein ein anderes Sein erfahren

Die Welt bietet allen Lebewesen grundsätzlich ideale Bedingungen. Der „Garten", in dem wir leben, unsere Welt, verfügt über viel fruchtbaren Boden. Alle Nährstoffe und ausreichend viel Wasser sind stets verfügbar. Die klimatischen Bedingungen könnten bessere nicht sein, und die benachbarten Lebensräume ergänzen und bereichern den eigenen. In dieser vom Grundsatz her idealen Welt werden wir zuerst erkennen, daß wir als Menschen Kinder dieser idealen Lebensbedingungen sind. Zweitens bemerken wir (nahezu täglich), daß sich unter diesen idealen Bedingungen dennoch kein durchgehend friedliches Leben ereignet. Irgendwo wirkt unaufhörlich etwas Störendes, das die vermeintlich ideale, gleichgewichtige Ordnung allen Lebens durcheinanderbringt. Es kommt, in allen Variationen und Abstufungen, zu Krankheit, Sterben und Tod, die auch uns Menschen herausfordern. Auch sie gehören, recht besehen, zur Natur. Wenn man das nicht erkennt, verkennt man die Welt, wie sie ist.

Darum: So ideal die Voraussetzungen auch sind, würde es auf Erden nicht gut zu leben sein, wenn es nicht von pflegender Aufmerksamkeit begleitet wäre. Pflege gleicht aus, was durch die Kräfte der Natur und das Handeln der Menschen am Leben beschädigt wurde. Es entspricht der Urgeste des Gärtnerns, daß über gute Lebensbedingungen gewacht wird, daß alles dafür getan wird, daß Leben sich entfalten kann und die Grundlagen dafür erhalten bleiben. Das gilt gleichviel für das Gärtnern im direkten (Anbau und Ernte von Pflanzen) wie auch im übertragenen Sinne (verantwortlicher Umgang des Menschen mit dem Leben und seinen Grundlagen, auch und besonders im Dienst für andere). Wenn und wo wir uns der Aufgabe der Pflege der Welt bewußt sind, sind wir unserer selbst mitweltlich bewußt. Das entspricht einer Einstellung, die jedem von uns zu eigen ist – wenn man uns denn läßt bzw. uns diese Einstellung (durch fragwürdige Belehrungen) nicht genommen hat.

Dem Menschen kommt aufgrund seiner Fähigkeit zu freien Entscheidungen aus Einsicht und Weisheit im Weltganzen eine besondere Bedeutung zu, denn er kann aus diesem Antrieb, also selbstgewollt, für anderes und andere Verantwortung übernehmen.

„Wenn die gesunde Natur des Menschen als ein Ganzes wirkt, wenn er sich in der Welt als einem großen, schönen, würdigen und werten Ganzen fühlt, wenn das harmonische Behagen ihm ein reines, freies Entzücken gewährt – dann würde das Weltall, wenn es sich selbst empfinden könnte, als an sein Ziel gelangt aufjauchzen und den Gipfel des eigenen Werdens

©gemeinfrei Joseph Karl Stieler (1781–1858)

Johann Wolfgang von Goethe

und Wesens bewundern." (Johann Wolfgang von Goethe: *Berliner Ausgabe. Kunsttheoretische Schriften und Übersetzungen,* Band 19, Berlin 1960)

Die so übernommene Verantwortung kann so weit gesteigert erlebt werden, daß das Sein eines anderen Wesens mit dem eigenen Sein zusammenfällt. Der Mensch kann darum von sich sagen, daß er für etwas oder jemand anderen *da ist* – was mehr bedeutet als eine übernommene Verantwortung. Im eigenen Sein ein anderes Sein zu erfahren und daraus zu handeln entspricht der wichtigsten und besten Fähigkeit von uns Menschen. Unser Verhältnis zur Welt ist ursprünglich in allem dafür veranlagt. Als Gesinnung für den Umgang mit der Welt Mitweltlichkeit auszubilden bedeutet demnach, daß wir in gewisser Weise zu uns selbst gelangen, denn zum Erleben allen Seins im eigenen Sein sind wir als Menschen bestimmt!

Mitweltlichkeit muß nicht erst erfunden werden

Es ist auffallend, mit welchem Tempo Entwicklungen immer weiter fortschreiten, die dazu geeignet sind, uns möglicherweise gänzlich aus der Mitweltlichkeit herauszukatapultieren. Das Verhältnis zur Welt wird immer mehr zu einem nützlichen umgestaltet, statt weiterhin ein pflegendes zu bleiben. Darin wirken die eigenen Bedürfnisse den Bedürfnissen anderen Lebens und anderer Lebenswelten gegenüber über das verträgliche Maß hinaus dominierend. Dennoch liegt auch in einem solchen Entwicklungsverlauf eine Chance. Es kann durchaus so sein, daß wir an den Schrecken unserer Zeit für unsere wahre und eigentliche Verantwortung erwachen. Und schließlich entstehen Gelegenheiten zur Erfahrung von Vernunft, Einsicht, Empathie usw. nur an den Grenzlinien schmerzhaft erlittener Separation: Würden wir uns nicht als getrennt erleben, würden wir die Reunion nicht ersehnen, die, bewußt von uns gewollt und herbeigeführt, eine große, wirksame Tat ist. Das Widrige in unserer Zeit hätte so gesehen sogar noch einen besonderen, tiefen Sinn.

Mitweltlichkeit als wiedererlangte Gesinnung im Umgang mit der Welt und dem Leben, als Ziel einer Entwicklung, die durch empfindliche Störungen und Risiken verläuft? Ja, einerseits ist eben das von großer Bedeutung. Andererseits können – und sollten – wir Mitweltlichkeit als Urzustand erkennen, demgegenüber wir uns als gegenwärtige Menschengemeinschaft ausnehmen wie eine verirrte Herde auf der Suche nach dem Wasserloch: In der Entbehrung wirkt eine Sehnsucht nach Heimkehr, die zugleich von der Gewißheit getragen wird, daß wir im Grunde genau wissen, wohin wir auf unserem Entwicklungsweg wollen.

Das Vergessen des Ursprünglichen hätte sich dann gewissermaßen nur darum ereignet, um zu einem bewußten Erinnern zu leiten. Diese Abfolge begründet das Wertvollste, das uns Menschen (auf)gegeben ist: die Freiheit! Zweifellos zeigt sich die besondere Rolle des Menschen innerhalb der Lebewesenwelt besonders dann, wenn es um die Möglichkeiten des bewußten und freien Handelns geht. Es entspricht dabei unseren Möglichkeiten, die eigenen Einsichten und Ambitionen über die uns umgebenden Voraussetzungen stellen zu können. Damit können wir die Welt pflegen, veredeln und der Schönheit folgend gestalten oder aber den empfindlichen Zauber des Lebens sozusagen im Handstreich vernichten. Verbunden werden diese beiden Extreme durch die Verantwortung, die wir prinzipiell und zugleich mehr oder weniger bewußt als Aufgabe erleben.

Wenn es nun darum geht, einen Zustand im Erleben der Welt aus eigener Freiheit und Aktivität wiederzuerlangen, in dem die Menschen in früheren Zeiten vielleicht noch selbstverständlich lebten, bedeutet das nicht weniger, als daß wir Menschen zu einer bis dato verlorengegangenen Qualität des Lebens zurückfinden. Ich spreche diesbezüglich von der *Menschheit des Menschen* und meine damit, daß darin idealiter das Erleben vom eigenen Sein und dem der Welt zusammenfällt. Wir verfügen über die Möglichkeit, unsere Menschheit als eine besondere Qualität unseres Seins zu schaffen, indem wir entdecken, wie alle und alles zusammengehört. So merkwürdig es auch scheint, erfahren wir uns selbst in unserer Menschheit nämlich als Welt. Individualität schließt darin die Kommunion nicht aus, sondern bedingt sie sogar. Unser Ich lebt dann also im Umkreis, ist *bewußt alles zugleich*, ohne im selben Moment nicht auch gänzlich eins, also Individuum zu sein. Diese Erfahrung machen wir immer, wenn wir ganz in den Bereich des essentiellen Welterlebens eintauchen. Intensive seelische Erlebnisse können – ebenso wie einnehmende und beeindruckende Naturerfahrungen – so stark ins essentielle Erleben führen, daß darin die Erfahrung der eigenen begrenzten Existenz für einen Moment aufgehoben ist: Dann ist der Mensch ganz Wind, Wetter, Freude, Leib, Liebe … Diesen Zustand kennen wir alle sicherlich sehr gut und genau. Mehr Aufmerksamkeit darauf zu verwenden, darauf kommt es an!

Die innere Stimme des Gewissens

© gemeinfrei GS aus W.G. Vögele, Der andere Rudolf Steiner

Rudolf Steiner

In der Einleitung zu der Schrift *Theosophie* schreibt Rudolf Steiner von einem „Gefühl für Wahrheit“, über das der Mensch verfügt und das ihm Sinne für das Wahrnehmen „höherer Welten“ erschließen könne. Als höhere Welten kann zunächst alles das verstanden werden, was den Horizont eigener Wahrnehmungsgewohnheiten übersteigt. Die Bedürfnisse und Notwendigkeiten der Welt sind, gemessen an der Lebenswelt eines einzelnen Menschen, eine höhere Welt. Das Gefühl für Wahrheit kann wohl mit dem Gewissen gleichgesetzt werden, das sich in unterschiedlichsten Situationen meldet und mehr oder weniger Beachtung findet. Fraglich am Gewissen bleibt, wie objektiv es eigentlich ist. Kann eine innere Stimme tatsächlich über die Angelegenheiten der Welt belehren? Kann sie darin mehr leisten als logisches Denken und vermeintlich überragende wissenschaftliche Intelligenz?

Auch diesbezüglich wird es hilfreich sein, sich klarzumachen, wie durch Generationen hindurch von der Bedeutung dieser inneren Stimme gewußt wurde. Indem lebendige Natur zugänglich wird, erschließt sich ein eigenes Feld starker, hilfreicher Energien.

„Wir spüren alle diese Energien, mehr oder weniger. Ob es ins Bewußtsein kommt oder nicht, ist eine andere Frage. Und wir zapfen sie auch an, wenn wir sie nötig haben. Zunächst natürlich im Schlaf, denn im Schlaf regeneriert man, da geht die Seele zu dem Quell und wird gestärkt. Aus diesem Grund kommt man aus dem Schlaf gestärkt hervor, und wie die Russen sagen: ‚Der Morgen ist weiser als der Abend.‘ Man kommt auch geistig klarer zurück, man hat mehr von dieser Energie. In der freien Natur, draußen, merkt man, wie sie einen aufbaut, die frische Luft, der Sonnenschein, die Schönheit der

Wolf-Dieter Storl

Landschaft, der Vogelgesang und das Plätschern des Wassers. Das tut gut." (Wolf-Dieter Storl: *Schamanentum,* Bielefeld 2010)

Ich bin mir dessen bewußt, daß der Hinweis auf schamanische Sichtweisen nicht ohne die Möglichkeit des Widerspruchs auskommen wird. Zu groß ist der Abstand zwischen unserem vorherrschend aktuellen, alltäglichen Lebensgefühl und der Weisheit früherer Kulturen bereits geworden. Dennoch weisen, wie ich im später folgenden zweiten Teil dieses Buches aufzeigen will, viele Fakten und Theorien der modernen Wissenschaft für das Verstehen der Welt und des Lebens in eine Richtung, die bereits uralten schamanischen Kulturen nicht fremd war. Darin spielt die innere Stimme eine sehr wichtige Rolle. Den Empfindungen und Ahnungen eines Menschen kommt durchaus eine eigene Erkenntnisqualität zu, wenn und wo er sich mit den Energie- und Kraftfeldern verbunden weiß, deren Existenz, von der Mainstream-Wissenschaft lange geleugnet.

Die Welt und die Dinge sprechen lassen

Das essentielle Welterleben ist eines, das uns mit dem Leben total verbunden sein läßt. Zuerst erfahren wir das im gesunden Verhältnis zu uns selbst. Solange alles im Leib in Ordnung ist, spüren wir uns nicht, sondern sind in allem ganz und gar einfach da. Aber schon ein kleiner Schmerz, ein Splitter im Finger, ein Ziehen im Rücken oder ein Drükken im Bauch verändert alles. Störung und Erkrankung führen zu einer anderen Erfahrung der eigenen Person. So sehr das wache, essentielle Erleben das einer Ausnahme geworden ist, weil unser Bewußtsein dem weit entfremdet ist, so sehr erleben wir uns ins Hier und Jetzt gestaucht, wenn wir uns den Kopf in einem zu niedrigen Raum gestoßen oder uns zu kleine Schuhe angezogen haben. Was aber veranlaßt uns dazu, dieses vom Schmerz getriebene Bewußtsein als das eigentliche zu nehmen und das urgründliche Erleben essentieller, totaler Identifikation in die Nische seltener Ausnahmen zu verbannen? Es wäre immerhin möglich, vom Umgekehrten auszugehen, indem wir die essentielle Erfahrung als ursprüngliche verstehen. Dann würden sich unser Verhältnis zur Welt und die Einstellung zum Leben schlagartig verändern.

In besonderen Situationen oder infolge von Übung ist das essentielle Welterleben immer wieder so zugänglich, daß jeder Mensch eigentlich genau weiß, wovon die Rede ist. Manchem ist es gegeben, es in so wunderbare Worte zu bringen, wie Friedrich Nietzsche es einst tat. Dabei sparte der Philosoph auch den der Erfahrung innewohnenden Schrecken nicht aus, der zugleich die Opposition zum alltäglich-vordergründigen Erleben zum Bewußtsein bringt:

„Ich habe für mich entdeckt, daß die eigene Thierheit, ja die gesamte Urzeit und Vergangenheit alles empfindenden Seins in mir fortdichtet, fortliebt, forthaßt, fortschließt, – ich bin plötzlich mitten in diesem Traum erwacht, aber nur zum Bewußtsein, daß ich eben träume und daß ich weiter träumen muß, um nicht zugrunde zu gehen: wie der Nachtwandler weiterträumen muß, um nicht hinabzustürzen." (Friedrich Nietzsche: *Die fröhliche Wissenschaft/ Wir Furchtlosen* (neue Ausgabe), Hamburg 2014)

Friedrich Nietzsche

Tatsächlich ist es so, daß sich die Interessen eines Individuums und die der Welt prinzipiell offensichtlich widersprechen. Was Individuum sein will, wird einen Raum für sich fordern, der vordem unbeschädigte Welt, also Natur war. Mit jeder Existenz wird alles anders, nämlich mitweltlich. Jede Lebensäußerung verändert danach, führt durch einen Wandel, der Vorgegebenes prägt. Kann es dennoch möglich sein, das Vorher real zu erfahren? In welchen Dimensionen ereignet sich das essentielle Erleben der Welt? Und zu welchem Ziel will es uns führen?

Mit diesen Überlegungen ist nichts Geringeres berührt als die Frage nach der Rolle des Menschen im Zusammenhang des großen Ganzen. Zunächst einmal machen wir Menschen uns fortwährend ein Bild von der Welt, in der wir leben. Wir denken *nach*, schließen Überlegungen und Deutungen an ursprüngliche Erfahrungen an. In den vergangenen Jahrhunderten wurden wir kulturell vor allem geprägt durch die Gedanken von René Descartes und Immanuel Kant und dazu geleitet, dieses Nachdenken als die eigentliche Ur- und Tatsache unseres Bewußtseins zu verstehen. Die vorangegangene Erfahrung, für mich das essentielle Erleben der Welt, übersehen wir mittlerweile meistens, erklären sie für subjektiv oder für schlicht bedeutungslos. Bemerkenswerterweise liegt aber gerade in diesem Bereich des Welterlebens der eigentliche Zugang zur Wirklichkeit. Je mehr es uns gelingt, in einen Sachverhalt einzutauchen, uns mit einem Ereignis oder Wesen essentiell erlebend zu verbinden, desto direkter spricht es zu uns. Im direkten Umkreis ist uns das klar, wenn wir daran denken, welche tiefen Gründe des Verbundenseins durch Emotionen erschlossen werden können. Im erweiterten Sinne, bezogen auf Wesen und Sachverhalte, die von unserem persönlichen Leben entferntere sind, machen wir jene Einschränkungen, die zuletzt die Relevanz essentiellen Welterlebens in Frage stellen. Das kann so weit gehen, daß jemand daran zweifelt, die Wirklichkeit überhaupt erleben zu können. Ein solcher Zweifel ist überwiegend im existentiellen, also rationalen, logischen Erleben der Welt begründet, das sich vom Essentiellen zu weit entfernt hat. Daß wir davon unser Leben weitgehend bestimmen lassen, liefert die Ursache für viele Erschütterungen, Krisen und Gefahren.

Eine besondere Aufgabe besteht für uns Menschen also darin, auf den Wegen unseres Lebens aus eigener Einsicht über das rechte Verhältnis des Existentiellen und Essentiellen zueinander zu entscheiden. Je nach Lebenssituation werden wir unterschiedlich zu gewichten haben. In einer lebensbedrohlichen Situation, die durch den raschen Einsatz geeigneter Technik gemeistert werden kann, wird sich das Verhältnis zwischen den beiden *Schnittstellen zur Welt* anders darstellen als an einem warmen Sommertag in entspannter Laune beim Genießen vom Sonnenaufgang am Meer. Es bedeutet einen Unterschied, ob wir an Ereignissen um uns herum teilhaben, weil wir in Eigenverantwortung einer konkreten Aufgabe nachgehen oder weil wir *im Fluß schwimmend* uns dieser Aufgabe einfach hingeben und sie hinnehmen. Tatsache aber ist, daß es für uns einen zweifachen Zugang zur Welt gibt, nämlich den essentiellen und den existentiellen, und daß wir darüber in Freiheit zu entscheiden haben, in welchem Verhältnis wir den einen oder den anderen Zugang wählen. Nur dem einen oder anderen Welterleben anzuhängen ist indes nicht sinnvoll und führt uns als Menschen geradewegs von uns und der Welt fort.

Mitweltlich Mensch!?

Niemand, der ernsthaft die Tatsache einer inneren Stimme leugnen würde! Sie ist schon im Alltag ein in der Regel gut bekannter Gradmesser für die Treue, mit der wir auf dem Lebensweg unserem selbstgewählten Kurs folgen. Strittig ist und bleibt, inwieweit es sich bei der inneren Stimme um eine Resonanz aus erworbenen Erfahrungen oder um Verlautbarungen einer geistigen Wesensnatur handelt, die sogar als Entelechie (griechisch *εντελέχεια* v. *εντελές, entelês* = vollkommen und *έχειν, echein* = haben) verstanden werden kann (die wir jeweils selbst sind). Ich gehe von letzterem aus, bin mir aber auch ganz klar darüber, daß die eine oder die andere Sichtweise von einer Entscheidung abhängt, die jeder Mensch für sich selbst zu treffen hat, denn: Die Individualität eines Menschen kann nicht vom Eigenerleben unabhängig bewiesen werden. Demnach bieten sich zwei Möglichkeiten, nämlich entweder von dem Erleben der eigenen Individualität auszugehen oder – was ich allerdings für ziemlich abwegig halte – zuletzt auch an dieser Erfahrung des eigenen Selbst zu zweifeln. Je nachdem, für was wir uns entscheiden, wird unser Blick auf Welt und Leben ein anderer sein.

Kann es außerdem sein, daß wir mit einem Weltbereich verbunden sind, den wir mit vollem Bewußtsein noch nicht wirklich erfaßt haben? Viele Ahnungen, Empfindungen, Intuitionen, aber auch Träume, Wünsche, Hoffnungen und Sehnsüchte, wären dann u.U. schon als zarte Eindrücke von jener anderen, *höheren* Welt zu verstehen.

Es geht mir jetzt nicht darum, auf eine der Wirklichkeit entrückte himmlische oder geistige Welt zu verweisen, sondern auf einen Aspekt des Lebens zu deuten, der nicht über eine künstliche Trennung in „Geist und Materie“ oder „Himmel und Erde“ usw. verstanden werden muß. Im Kapitel „Eins und alles zugleich“ [siehe Seite 119] komme ich darauf zurück, indem ich darauf eingehen werde, daß alle Grenzen stets nur von uns Menschen geschaffene sind. Zu diesen Grenzen gehört auch die, die wir zwischen einem *bloß vermeintlichen* Diesseits und Jenseits gezogen haben. Sprechen wir von verschiedenen Welten, so tun wir also gut daran, damit nichts anderes zu meinen als verschiedene Teile *einer* Region, die deswegen trotzdem nicht weniger ein Ganzes, Zusammengehöriges sind.

Terra incognita

Unser Bild von Welt und Leben kann schon ein sehr anderes, zunächst ungewohntes sein, wenn wir theoretisch nur ein paar Parameter verändern. Wie wäre es, wenn aus der Welt alle Umtriebigkeit verschwände? Rainer Maria Rilke dichtete in seinem *Stundenbuch*:

Wenn es nur einmal so ganz stille wäre.
Wenn das Zufällige und Ungefähre
verstummte und das nachbarliche Lachen,
wenn das Geräusch, das meine Sinne machen,
mich nicht so sehr verhinderte am Wachen – :

Dann könnte ich in einem tausendfachen
Gedanken bis an deinen Rand dich denken

und dich besitzen [nur ein Lächeln lang],
um dich an alles Leben zu verschenken
wie einen Dank.

Ich vermute, daß die allermeisten Menschen sehr schnell in allergrößte Probleme mit sich und bald auch anderen geraten würden, wenn es nichts, oder fast nichts, mehr gäbe, das sie von außen zu irgend etwas treibt (erinnern Sie sich an die eingangs empfohlene Kontemplation?): keine Termine mehr und keine Pflichten, niemand, der etwas von einem will, keine Rechnungen mehr, die es zu bezahlen gilt, keinen Schichtbeginn am frühen Morgen ... und dann? Können Sie sich ein Leben vorstellen, das ohne äußeren Antrieb auskäme? Das wäre also eines, in dem alle

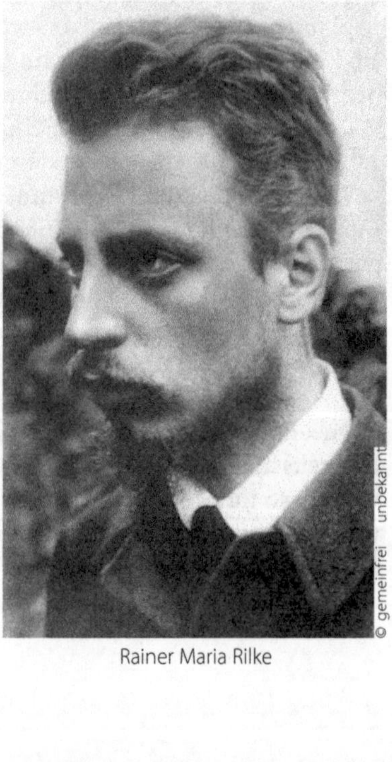

Rainer Maria Rilke

Obliegenheiten von Ihnen selbst gewollt wären. Eine solche Welt, ohne jedes Sollen, ist in der Tat ganz anders als diejenige, in der wir tagaus, tagein agieren. Dennoch ist es vermutlich die eigentliche Welt unseres Ursprungs. Die Welt, an die wir uns im Laufe der Jahre gewöhnt haben, ist die eigentlich fremde, unbekannte und unwirtliche.

Als „Terra incognita" bezeichnete der Philosoph Günther Anders die Welt, wie wir sie am Beginn unseres Lebens vorfinden bzw. erleben. Wir kennen uns in ihr zunächst nicht aus, leben uns tastend und forschend in sie ein. Andererseits sind wir von Beginn an Teil dieser Welt, erforschen im Welterkunden also in gewisser Weise zugleich auch uns selbst. Darauf beruht der Zusammenhang von Identität und Individualität, der uns Zeit unseres Lebens herausfordert. Indem wir uns in *einer* Welt erleben, in einer unbekannten Umgebung unter unbekannten Bedingungen, erfahren wir uns in jener Terra incognita, von der Günther Anders schrieb. Diese Umwelt liefert uns die elementaren Antriebe zur Führung des eigenen Lebens. Obdach, Nahrung, Vertrautsein, das *will* die Welt recht bald in uns. Und je mehr wir es lernen, diesen Bedürfnissen Abhilfe zu verschaffen, desto mehr wird aus *einer* Welt *unsere* Welt: mit *unserer* Wohnung, *unseren* Vorräten und all *unseren* Umkreisen. Das ursprünglich Fremde wird vertraut, während zugleich das Wissen von jener anderen, zweckfreien Welt verblaßt.

Bemerkenswert daran ist, daß wir im Erfahren des Fremden in der Welt zugleich auch elementar und stark unser eigenes Selbst erleben: Je weiter wir unsere (leibliche) Identität ausbilden, desto stärker werden wir uns als Individualität bewußt. Welt- und Icherfahrung hängen zusammen, sie bedingen einander! Auf den Wegen unserer Entwicklung gehen wir mehr und mehr Verbindungen ein. Nichts, dem wir begegnen, bleibt ohne Wirkung auf uns, und jede unserer Aktivitäten verändert nicht nur uns selbst, sondern zugleich auch das große Ganze, dem wir angehören. Leben ist dauernde Wandlung, die nichts und niemanden ausspart.

„Menschen erhalten ihre Identität und Kompetenz, ihre Rolle und ihren Wert in Interaktion mit der sozialen Welt. Wir kreieren Welt und benötigen dafür Bestätigung durch andere. Dinge entstehen in interaktiven Prozessen zwischen Menschen und zwischen Menschen und Natur. Alles natürliche Leben entsteht und besteht sowieso aus Beziehungen. Diese Beziehungen befinden sich zudem in permanentem Wandel: Wirklichkeit fließt. Alles Leben findet in Kreisläufen statt. Planeten, Menschen, Pflanzen – alles beeinflußt sich gegenseitig und ist ohne das andere nicht lebensfähig. Alles verläuft im Kreis, alle Aktivitäten wirken auf uns zurück, selbst reine Beobachtungen

verändern die Welt. So kann man die Wirklichkeit statt als Materialität vielmehr als Potenzialität beschreiben.“ (Gustav Bergmann: *Mitweltökonomie*, mitweltoekonomie.de)

Back to the roots

Vor einigen Jahren hatte ich die Gelegenheit, im brasilianischen Urwald eine entlegene, von der üblichen, modernen Zivilisation noch weitgehend unberührte Menschengemeinschaft besuchen zu dürfen. An dicht bewaldeten Hügeln, am Ufer eines Flusses, ist dieses wunderbare Dorf gebaut, in dem es nichts von dem gibt, was unser Leben in den großen Städten und Ballungszentren bestimmt. Für die Menschen dort mußten wir sehr merkwürdige Erscheinungen gewesen sein: mit festen Schuhen, wasserdichter Kleidung, ausgerüstet mit Taschenlampe, Kompaß und Fotoapparat. Was mich, umgekehrt, vor allem sehr bald stark beeindruckt hat, war das Verhältnis der Menschen zu ihrem Leib. Von einer solch offensichtlichen Geschicklichkeit in allen Bewegungen und Handhabungen, einer solchen Harmonie zwischen Mensch und Natur sind wir, die wir ein hochtechnisiertes Leben führen, besorgniserregend weit entfernt. Und diese Entfernung ist zugleich auch eine, die zwischen unserer Identität (unserem leiblichen Dasein) und unserer Individualität (unserem Selbst) besteht. Unser Verhältnis zu uns selbst, zu unserem eigentlichen Wesen, das zuweilen als innere Stimme spricht, ist vermutlich gerade darum so angespannt, weil wir infolge aller Technisierung zu so sehr von der Natur entfremdeten Wesen geworden sind. Was uns im technisierten Teil der Welt umgibt, ist nicht mehr viel Natur, sondern vor allem eine künstliche Welt, die nicht sehr dazu geeignet ist, uns zu uns selbst zu führen.

Wir Menschen wachsen meistens (weil wir nicht in einem geschützten Urwalddorf aufwachsen) in ein Verhältnis zur Natur und zu unseren Mitmenschen hinein, das vom geprägt ist. In diesem Konkurrenzverhältnis will jeder bestenfalls reich und reicher als andere sein, stark und überlegen hervortreten – und die Natur beherrschen. Natur findet sich in solchem Lebensmodell zur Gegnerin degradiert, die unterworfen und ausgebeutet wird. Der persönliche Vorteil, der Gewinn, weit über den tatsächlichen Bedarf hinaus, ist das Ziel, mit dem wir einander von Kindesbeinen an vom wirklichen, natürlichen Leben entfremden. Natur in ihrer weitgehend unberührten Form gibt es in der Welt der Großstadtmenschen nicht mehr, wodurch unsere Kinder einer außerordentlich wichtigen Erfahrungsquelle beraubt sind. Und sogar auch das, was als „Erlebnispädogogik“ etikettiert ist, führt in den allermeisten Fällen nur noch in eine zum Abenteuerspielplatz degradierte Natur. Wie verändert sich der Mensch selbst, indem er sein Verhältnis zur Natur so korrumpiert?

Ich denke, daß Sie mein Erlebnis im Urwalddorf recht gut nachvollziehen und auf manche andere, städtische Situation übertragen können, wenn Sie ein wenig über Ihre diesbezüglichen Wahrnehmungen und Erfahrungen nachdenken. Es geht beim Meistern natürlicher Bedingungen nicht nur darum, einen eigenen, angepaßten Lebensstil in basaler Umgebung entfalten zu können, sondern um sehr viel mehr. Die Umsicht, mit der ein Mensch sich in weglosem Gelände bewegt, die Feinheit seiner Wahrnehmung für Witterungsverhältnisse in entlegener Einsamkeit, die Art von Sammlung, Pflege und Bevorratung von Nahrungsmitteln inmitten zivilisationsferner Natur erfordert Fähigkeiten, die einen Menschen ganz grundsätzlich präsenter und überlebensfähiger sein lassen. Exkursionen, die auf ein angepaßtes, mitweltliches Erfahren der Natur ausgelegt sind, liefern sehr bald entsprechende Erfahrungen. Und die werden mittlerweile in der Pädagogik oder auch bei Trainings für Führungskräfte hoch geschätzt.

Naturverbundenheit erweitert das Bewußtsein

Wer mit der Natur verbunden zu leben versteht, wird seine Aufgaben eher kooperativ angehen. Oder, anders gesagt: Konkurrenz und Machtgebaren sind nicht selten das Ergebnis entfremdeten, unnatürlichen Lebens – mithin Ausdruck von Schwäche.

„Syntropien, also wertschaffende Entwicklungen, entstehen aus guten Beziehungen. Leben entsteht dort, wo sich Elemente zu einer Struktur, zu Netzwerken formen, wo Kommunikation informativ wird, also gestaltgebend wirkt. Alle Beziehungsbereiche haben zudem immer positive oder negative Auswirkungen auf alle anderen Beziehungsbereiche. Wer gute Beziehungen zu den Dingen oder der Natur entwickelt, nützt damit auch den anderen Menschen usw. Wohlstand entsteht, wenn alle Beziehungen überwiegend syntropisch gestaltet sind; wenn Menschen kultiviert und respektvoll miteinander und der Natur, den Dingen und sich selbst umgehen."
(Gustav Bergmann: *Mitweltökonomie,* mitweltoekonomie.de)

Tatsächlich wird mit jenen Syntropien, die sich als Ergebnis mitweltlichen Lebens und Verhaltens ergeben, zugleich auch eine besondere Sensibilität für jene innere Stimme eröffnet, von der eben bereits die Rede war. So können wir davon ausgehen, daß das Erfahren, Erkennen und Wissen eines naturverbundenen Menschen ein durchaus anderes ist. Bewußtseinsqualitäten werden zugänglich und verfügbar, die sich als solche auf das ganze persönliche und mitweltliche Leben beziehen. Dazu gehören z.B. die Fähigkeit zu vorausschauendem Handeln, Einfühlungsvermögen, Risikobewußtsein usw. Die Orientierung hin zu syntropischem Verhalten und Handeln versetzt zudem in die Lage, situationsgerecht über die Gegenwart und den eigenen, begrenzten Lebensraum hinaus wahrnehmen zu können. Umgekehrt betrachtet wird schnell klar, wie wir uns und die Welt durch die immer weiter fortschreitende Entfremdung unserer Zivilisation von den natürlichen Beziehungen und Grundlagen zerstören. Also:

„Halten Sie die Natur für einen Freund? Viele sehen sie eher als Gegner. Wir können die erlernte Gegnerschaft zur Natur aufkündigen und versuchen, in Einklang zu leben. Der erste Schritt kann darin bestehen, die Auswirkungen des eigenen Lebensstils zu ermitteln (Footprint). Daraufhin ergeben sich dann Möglichkeiten einer Mäßigung. Das heißt konkret, die Natur nachhaltig zu bewirtschaften, den Ressourcenverbrauch zu reduzieren, lokal und nachhaltig zu konsumieren. Naturbeobachtungen erlernen, in der Natur überleben." (Gustav Bergmann: *Mitweltökonomie*, mitweltoekonomie.de)

Übersicht und Vorausschau

Es gibt immer wieder Menschen, deren Wahrnehmungs- und Bewußtseinsfähigkeiten tatsächlich weit über einen irgendwie begrenzten Lebens- oder Zeitraum hinausgehen. Damit Sie nicht meinen, daß damit die allgemein zugängliche Wirklichkeit verlassen wird, will ich noch einmal darauf hinweisen, in welcher Richtung ich die Art der gemeinten Fähigkeiten angesiedelt sehe. Da ist der meererfahrene Fischer, der aufgrund der gegenwärtigen Wetterlage und der Strömungsverhältnisse im Wasser, durch das sein Boot fährt, meteorologische Aussagen trifft. Oder der Gärtner, der fühlt, was seinen Pflanzen guttut und wann. Ähnliches zeichnet eine einfühlsame Pädagogik aus, die dazu geeignet ist, jeweils optimale Lernhilfen anzubieten. Aber auch Sie selbst verfügen grundsätzlich über derlei Fähigkeiten und gehen mit ihnen sogar bereits um. Oder haben Sie sich nicht schon mal einem kommenden Ereignis gegenüber unwohl gefühlt? Haben Sie vielleicht schon mal geahnt, welch wunderbarer Ausblick sich hinter einer Wegkrümmung bieten wird? Oder bereits vorher gewußt, daß Ihnen eine bestimmte Speise nicht bekommt? Was haben Sie in solchen Fällen wahrgenommen? Welcher Fähigkeiten haben Sie sich bedient?

Es gibt Menschen, die über starke Fähigkeiten zu Übersicht und Vorausschau verfügen, weil es ihnen so „angeboren" ist oder aber weil sie sich darin geübt haben und üben. Freilich gibt es auch nicht wenige selbsternannte „Kundige", die eher mit übersteigerter Phantasie Sensationshunger stillen, statt brauchbare Erkenntnisse zu liefern. Vom Grundsatz her besteht aber kein Zweifel daran, daß wir Menschen zur Mitweltlichkeit veranlagt sind und daß wir in deren Entfaltung unser Bewußtsein (zu erweiterter Übersicht und Vorausschau) verfeinern und steigern können.

Menschen, die die genannten Fähigkeiten bis zu einem gewissen Grad der Vollkommenheit entwickelt haben, werden u.a. Schamanen genannt. Der Schamanismus als Lehre und Methode vom Umgang mit solchen Fähigkeiten findet sich weltweit in vielen verschiedenen Kulturen, unter verschiedenen Bezeichnungen. Immer geht es darum, daß aus der alltäglichen Welt heraus in eine obere, geistige Welt und/oder untere, elementare Welt geschaut werden kann. Darin findet sich das Verhältnis zur Welt also über den gewöhnlichen, alltäglich vertrauten Rahmen hinaus erweitert (nichts sonst soll mit den Begriffen „Oben" und „Unten" gesagt sein).

Auch Margot Ruis, eine im Schamanismus erfahrene Frau, weist darauf hin, daß die innere Verfaßtheit des Menschen Auswirkungen auf seine Fähigkeiten zu Übersicht und Vorausschau hat, und darauf, wie sich diese Verfaßtheit seit früheren Zeiten bis heute verändert hat.

„Naturvölker, Stammesgesellschaften leben noch in der Natur und haben deshalb eine innere Beziehung zu ihr. Unsere Kultur hat uns dazu geführt, die Natur als Gegensatz zu uns zu sehen. Damit haben wir die Beziehung verloren. Das wäre nicht nötig. Wir können auch sagen: die Natur ist meine Natur. Das Bibelwort ‚Macht euch die Erde untertan' ist falsch übersetzt. Es muß heißen: ‚Werdet Meister der Natur'. Der Mensch tut gut daran, sich der Naturwesen bewußt zu werden und sich ihr Wohlgefallen zu sichern. Dazu ist die Herstellung eines persönlichen Gleichgewichtes im eigenen Inneren Voraussetzung; erst dann ist es möglich, zum Gleichgewicht im Äußeren beizutragen; die Naturwesen helfen beiderseits mit. Der erste Schritt der Heilung der Erde ist: uns selbst heilen. Die Naturzerstörung ist Spiegelbild des inneren Zustandes vieler Menschen." (Tobias Waltjen, Isabella Burtscher: *Beiträge der Grenzwissenschaften zur Entwicklung komplementärer Indikatorsysteme in der Ökologie*, Wien 2002)

Ausblick

Menschen früherer Zeiten oder archaischer Kulturen würde es merkwürdig vorkommen, wenn und wie wir Heutigen um unser Verhältnis zur Natur als unserer Mitwelt bemüht sind. Sich als nicht mit der ganzen Welt verbunden fühlen zu können ist eine relativ neue „Errungenschaft" der menschlichen Kultur. Um diesen Grad der Separation erreichen zu können, muß eine weitreichende Entfremdung von der Natur bereits vorausgegangen sein.

Die große Frage, die sich in diesem Zusammenhang stellt, ist die nach den Ursachen der Separation. Was, um alles in der Welt, hat uns, die Menschen und die Natur, nur so weit voneinander entfernt? Und wie können wir uns, erneut und bewußt, wieder nah sein?

Jeder Mensch wird durch sein so oder so geartetes Verhältnis zur Natur geprägt. Die natürliche Mitweltlichkeit indiziert jene Entwicklungen der Fähigkeiten zu Übersicht und Vorausschau, die uns in unserem Leben zugleich sicher und kommunikativ handeln lassen. Aber nicht nur die Welt wirkt darin auf den Menschen, sondern, umgekehrt, auch der Mensch auf die Welt.

„Jeder, der daran arbeitet, das Licht des Geistes in sich selbst lebendig werden zu lassen, tut nicht nur für sich selbst das Bestmögliche, sondern leistet einen wertvollen Beitrag zur Gemeinschaft aller Lebewesen. Jeder, der sich selbst verwandelt, hat Anteil an der Verwandlung der Welt." (Margot Ruis: *Naturwesen – Begegnung mit Freunden des Menschen,* Wien 1995)

Es kommt dabei aber in erster Linie darauf an, sich selbst als natürliches Wesen nicht zu vergessen. Dann wird es nicht schwerfallen, eine adäquate Entwicklung und Lebensführung im Einklang mit der alles umfassenden Natur zu wollen, zu fördern und zu erhalten. Und: So eng der Weg zu diesem für uns Heutige wieder neuen Bewußtsein auch geworden ist, deutet vieles in diese Richtung. Inmitten der gefährlichen Entwicklungen wird gegenwärtig auch Großartiges sichtbar, sofern sich vor dem Blick aufs Ganze der Nebel verzieht. Darum soll es im nun folgenden Buchteil gehen.

Teil 2

Veränderung und Wandlung

„Wir leben in einer angsterregenden Zeit und erleben die Schrecken einer Umweltzerstörung mit, der wir durch unsere Überzeugung Vorschub geleistet haben, die Natur könne in Einzelteile zerlegt und manipuliert werden. Aber es ist auch eine unglaublich spannende Zeit, weil uns Wissenschaften wie die Quantenphysik drastisch vor Augen führen, daß es gar keine Einzelteile gibt!
Erst in den letzten 30 Jahren hat die Wissenschaft Mittel entwickelt, mit deren Hilfe wir verstehen können, daß lebende Systeme selbstorganisierte Netzwerke sind, deren Teile nur in Wechselbeziehung miteinander funktionieren."

(Fritjof Capra)

Schwellenübergang

Beziehungen sind Tatsachen! Dieser Feststellung können Sie sicherlich zustimmen, wenn Sie jetzt z.B. an einen Menschen denken, den Sie lieben. Oder an eine Landschaft, in der Sie sich sehr wohlfühlen. Dennoch ist es so, daß die Bedingungen für unser Leben oft aus einer Denkart resultieren, die der eingangs getroffenen Feststellung eben nicht entspricht. Das ist kurios, denn es weicht – wie Sie bemerkt haben – von der ersten elementaren Empfindung ab, die sich für die meisten von uns einstellt, wenn wir über Beziehungen, also über unser Verbundensein mit den Lebens- und Weltwirklichkeiten, nachdenken.

Wenn Sie wie ich davon ausgehen, daß eine grundsätzliche Verbundenheit von allem und allen existiert, ist Ihnen der Gedanke nicht fremd, das wir u.U. bereits schon dann etwas objektiv Gültiges erfahren können, wenn es noch nicht zu einer klaren Erkenntnis gekommen ist. Wenn Sie sich die Finger an einer heißen Herdplatte verbrennen, werden Sie den Schmerz erleben, noch bevor die Erkenntnis *heiße Herdplatte* in Ihrem Bewußtsein gegenwärtig geworden ist. Es handelt sich für einen kurzen Moment um eine Erfahrung, die, ebenso wie die reine Erfahrung einer anderen Beziehung, in Worten kaum zu beschreiben ist. Diese Erfahrung ist im Essentiellen verankert und darum auf ganz andere Weise zugänglich als der Bereich des Existentiellen.

Welt und Menschen verändern einander

Der österreichische Philosoph und Psychotherapeut Paul Watzlawick prägte den Satz: *„Man kann nicht* nicht *kommunizieren"*. Das ist trefflich formuliert und unmittelbar einleuchtend, wenn man nur ein wenig über das Leben nachdenkt. Ebenso kann man sich eines Einflusses nicht entziehen, den man als Mensch fortwährend, auch in gänzlicher Passivität, auf die Welt ausübt. Wir Menschen gestalten, wie alle anderen Lebewesen auch, die Welt. Das geschieht schon dadurch, daß wir überhaupt leben. Grob gesprochen ist da ein Mensch auf der einen Seite und die Welt auf der anderen. Der Mensch und die Welt sind zweifellos Tatsachen. Aber wie verhält es sich mit der Beziehung zwischen Mensch und Welt? Ist diese Beziehung denn nun auch eine Tatsache oder ist sie es nicht?

Ein Chemiker kann im Labor eine Substanz untersuchen. Dann ist seinem Verständnis nach die Substanz ebenso eine Tatsache, wie er selbst es ist. Aber daß die Beziehung, die er zu der Substanz aufnimmt, indem er sie untersucht, ebenfalls eine Tatsache ist, wird er sehr wahrscheinlich bestreiten.

Mit der Welt sind wir auf zweierlei Weise verbunden: existentiell und essentiell. Im Laufe der letzten etwa 200 Jahre sind wir in eine Situation geraten, in der alltäglich die existentielle Verbindung weit überwiegt. Wir sind mehr im Kümmern und Sorgen um Funktionales, Technisches und Logisches verhaftet als in dem, was unseren Erfahrungen als Freude, Glück und Unbeschwertheit zugänglich ist. Dieser letztgenannte Bereich ist der Essentielle, also derjenige, in dem wir *selbstgegenwärtig* mit aller Welt total verbunden und identifiziert leben. Während wir im existentiellen Bereich vordergründig sehr aktiv sind, indem wir die Welt nach unseren Vorstellungen formen, verzwecken und dienstbar machen, sind wir im Laufe der Zeit im essentiellen Bereich leider immer unbewußter und passiver geworden. Freude und Glück z.B. sind für sehr viele Menschen Erfahrungen, die mit dem gewöhnlichen Alltag nur noch am Rande zu tun haben. Wer würde schon einen Beruf ausüben, von der Erwartung getragen, in und durch die Arbeit glücklich zu werden? Ausgeschlossen ist das nicht – ein Ideal ist es allemal –, aber es kommt nur sehr, sehr selten vor.

In Hochgeschwindigkeit haben sich unsere Welt und die Lebensbedingungen darin verändert. Folgenlos ist das ganz sicher nicht. Wir können davon ausgehen, daß wir Menschen uns auch verändert haben (und laufend verändern), denn wir sind ein Teil der ganzen Welt. In Anlehnung an das eben wiedergegebene Zitat von Paul Watzlawick könnte man auch sagen: *„Man kann sich nicht* nicht *verändern."* Und wenn wir das verinnerlichen, finden wir ein Beziehungsverhältnis zur Welt, welches selbst eine Tatsache ist, weil es nicht nur mit dem Existentiellen rechnet, sondern zugleich auch im Essentiellen verankert ist. Wir Menschen erleben dann, daß wir immer ein Teil der Welt sind und bleiben. Und selbst unser Bewußtsein erleben wir als Teil des Seins der Welt.

Um den eingetretenen Folgen der Veränderung im Verhältnis von uns Menschen zur Welt etwas auf die Spur zu kommen, will ich vier Beispiele anführen, die exemplarisch für die großen Entwicklungen stehen, die wir Menschen selbst ausgelöst haben und die immer zugleich auch uns selbst betreffen.

Veränderte Rahmenbedingungen

1. In den ersten 1.800 Jahren unserer Zeitrechnung hat sich die Zahl der auf Erden lebenden Menschen von 250 Millionen im Jahr Null auf 1 Milliarde am Beginn des 19. Jahrhunderts vervierfacht. Die zweite Milliarde wurde 1927 erreicht. Mittlerweile leben mehr als 7 Milliarden Menschen weltweit. Ein heute lebender sehr alter Mensch hat in seiner eigenen Biographie etwas erlebt – ungefähr die Vervierfachung der Zahl der auf Erden lebenden Menschen –, was vorher noch 1.800 Jahre gedauert hat. Um dem Bevölkerungswachstum Rechnung tragen zu können, wurde die gesamte Ökonomie immer mehr industrialisiert, automatisiert und globalisiert. Versorgungs- und Prozeßketten, deren Ende bis in die Geschäfte vor Ort reicht, verlaufen mittlerweile um den ganzen Globus. Vordergründig ist das eine Entwicklung, die den Konsum allerorten zu auskömmlichen Preisen ermöglicht. In tieferen Schichten zeichnen sich allerdings zugleich ganz andere, gefährliche Folgen ab, die unser friedliches Zusammenleben erschweren. Davon werden Sie sicherlich einige bereits aus Erfahrung kennen.
2. Im Zuge der Verschiebung der Bedeutung von Essentiellem und Existentiellem werden Werte erschüttert, die vor noch gar nicht so langer Zeit zu den Kardinaltugenden zählten. Daß sich gut versorgte Menschen bereitwillig um diejenigen kümmern, denen es zu gewissen Zeiten mal nicht so gut geht, gehört zum Zentralbestand der Kultur und der großen Religionen. Im Laufe des 19. Jahrhunderts bis ins 20. Jahrhundert hinein ist die Fürsorge zu einem Prinzip staatlichen Handelns geworden, was unzweifelhaft als bemerkenswerte, großartige Errungenschaft gilt. Aber besonders in den letzten zehn bis zwanzig Jahren knarrt es im Gebälk, insofern, als Fürsorge nicht mehr selbstverständlich erfolgt, von Neid begleitet wird und vom Grundsatz her immer schwerer weitergedacht wird. Das wird u.a. auch an der Leidenschaft sichtbar, mit der die Debatte über ein bedingungsloses Grundeinkommen geführt wird. Es gibt Menschen, denen die Idee unmittelbar einleuchtet (und das keineswegs etwa deshalb, weil sie sich ein bequemes Leben auf Kosten anderer machen wollen), und es gibt andere, die ein bedingungsloses Grundeinkommen aus leidenschaftlich vertretener Überzeugung rundweg ablehnen. Unser Verständnis von Menschenwürde und Menschenrechten ist nicht mehr ohne weiteres einheitlich. Insofern folgen wir Menschen in unserem Handeln auch mitunter sehr unterschiedlichen Präferenzen. Auch darin wird die Fraktionierung der

Menschengemeinschaft als sehr wahrscheinliches Grundprinzip künftiger Kulturen immer sichtbarer.

3. In einem Gespräch, das sich im Anschluß an einen meiner Vorträge entwickelte, sagte ein Teilnehmer, daß wir heute in unseren Breitengraden leben würden wie vor hundert Jahren die Fürsten und Könige. Wohl wahr! Allein in den letzten vier Jahrzehnten hat sich der allgemeine Wohlstand bei gleichzeitiger massiver Reduktion der Arbeitszeit in Deutschland verdreifacht. Die jederzeitige Verfügbarkeit von allem, was das Leben angenehm, sicher und bequem macht, ist uns Heutigen schon so sehr zu einer Selbstverständlichkeit geworden, daß wir uns des darüber weit hinausgehenden Luxus noch nicht einmal mehr schämen. Ein sehr großer Teil unseres Verbrauchs ist nicht nötig, sondern schlicht und einfach nur „nice to have“, also purer Luxus. Als einzige Lebewesen auf Erden sind es wir Menschen, die tatsächlich von allem zuviel verbrauchen. Aber wie wird es weitergehen, wenn wir als Menschengemeinschaft bereits jetzt 1,5mal soviel verbrauchen, wie uns eigentlich, unter Nachhaltigkeitsaspekten bemessen, zur Verfügung steht?
4. Was die Welt eigentlich ist, läßt sich mit den bisher bekannten Begriffen und Vorstellungen immer schwerer beschreiben. Je intensiver man versucht, sie in den tiefen Schichten zu verstehen, desto mehr fallen die eigentlich für sich erkannten und beschriebenen Bereiche von Materie, Energie und Information zusammen. Was das eine ist, könnte das andere ebenso sein. Materie ist Energie, Energie ist Information. Und vielleicht ist Information nichts anderes als Materie? Vor einigen Jahren hätte man solche Denkansätze vielleicht noch als krude Spinnerei abgetan, heutzutage geht das so nicht mehr. So wie sich Naturwissenschaftler und Philosophen die Welt einst vorgestellt haben, funktioniert sie eben nicht. Eine Weile kann man sich mit Modellvorstellungen und -begriffen vielleicht noch retten. Aber irgendwann ist der Moment erreicht, an dem man sich für oder gegen das Denken des vermeintlich Undenkbaren zu entscheiden hat. Und dieser Moment könnte durchaus das Jetzt sein.

All die Veränderungen, für die die eben benannten vier als Auswahl stehen, markieren unsere Gegenwart als eine Schwellenzeit. Sicher, das kann man u.U. in jedem Augenblick zu jeder Zeit sagen. Aber derart ausgeprägt und grundsätzlich waren die eingeleiteten und sich abzeichnenden Veränderungen noch nie. Es ist das Ereignis eines offenkundigen durchgreifenden Wandels, um den es geht. In einem

Vortrag zum Thema *„Auf der Schwelle der Zukunft: Werte von gestern für die Welt von morgen"* sagte der Philosoph Hans Jonas:

„Im Heute sehen wir uns auf der Schwelle zum Morgen. Und wir haben, mehr als frühere Zeiten, Anlaß für eine solche Sicht. (...) Gerade unser Heute, trächtig wie es ist und in vielem berechenbar, verpflichtet uns wie keine frühere Zeit zu derart hypothetischem Voraus- und Durchdenken der in seinem Schoße liegenden Möglichkeiten." (Hans Jonas, Dietmar Mieth: *Was für morgen lebenswichtig ist,* Freiburg 1983)

Ich vermute, daß sich Hans Jonas der immanenten Chancen und Risiken des Wandels gleichviel bewußt war.

Diesseits der Schwelle

Alle Veränderungen und Wandlungen haben Folgen, was eigentlich alle Menschen wissen. Aber erkennen wir auch, wie sehr wir selbst davon betroffen sind? Schließlich können wir nicht davon ausgehen, daß die Veränderungen der Welt, die auf unsere Entscheidungen und Taten zurückgehen, nicht irgendwann auch uns selbst betreffen und verändern werden. Die Tatsachen des alltäglichen Lebens führen es uns dann auch vor Augen: Systeme entfalten, auch wenn sie von uns Menschen künstlich geschaffen wurden, Gewalten, die bald in gewisser Weise im Sinne eines Eigenlebens existieren und alles und jedes verändern. Sie können sich im Sinne ihrer Beschaffenheit und Bestimmung intelligent verhalten, obwohl sie über kein Gehirn verfügen und nach unserem bisherigen Verständnis nicht als Lebewesen bezeichnet werden können.

Im allgemeinen können wir die durch Industrialisierung und Urbanisierung bedingten Veränderungen der Welt in bezug auf Art und Methoden unseres Wirtschaftens unschwer mit einer Zuspitzung des Egoismus und der Verteilungsfrage in Zusammenhang bringen. Verteilungsprozesse verlaufen offensichtlich immer weniger friedlich. Begehren und Not indizieren Streit und Kriege, in die bekanntermaßen ganze Völker involviert sind. Das deutsche Verb *kriegen* hat eine doppelte Bedeutung: Es meint einerseits, daß man etwas bekommt, und andererseits, daß Krieg geführt wird.

Militärhistoriker haben berechnet, daß auf dieser Erde im Laufe der Zeit 14.400 Kriege geführt wurden, die etwa 3,5 Milliarden Opfer forderten. Wenn man davon ausgeht, daß bis heute etwa 100 Milliarden Menschen auf Erden gelebt haben, ergibt die Hochrechnung, daß ungefähr jeder dreißigste Mensch einem bewaffneten Konflikt zum Opfer fiel. Die Grauen des Krieges sind allerdings aufs Ganze gesehen weniger geworden. Untersucht man die letzten 50 Jahre seit heute, sind *nur noch* 5,4 Millionen Kriegstote zu beklagen. Das wären also durchschnittlich 108.000 Menschen pro Jahr – mal mehr, mal weniger. Eine schreckliche Zahl, kein Zweifel! Aber die Konflikte, die mit Panzern und Kanonen ausgetragenen werden, sind offensichtlich nicht die fürchterlichsten.

Im weltweiten Vergleich der Kriegstoten mit den Suizidopfern überstieg im Jahr 2000 erstmals die Zahl der Suizidopfer die der Kriegstoten. Erstmals hatten in diesem Jahr mehr Menschen ihrem Leben aus purer Verzweiflung ein Ende gesetzt, als Menschen durch Fremdgewalt in den Kriegen dieser Welt ums Leben kamen. Und heute stehen jährlich 108.000 Kriegstoten sogar 1 Million Suizidopfer gegenüber. Es ist zudem noch zu berücksichtigen, daß es zehnmal so viele Menschen sind, die einen Selbsttötungsversuch unternehmen, Gott sei Dank aber gerettet werden. Bezüglich der globalen Geburtenrate liegt die Wahrscheinlichkeit, daß ein Mensch Opfer eines Krieges wird, aktuell bei 1:1.000, dagegen diejenige, daß er seinem Leben durch Selbsttötung ein Ende bereitet, bei 1:100. Damit Sie sich das etwas besser vorstellen können: Alle 5 Minuten stirbt in unserer Welt ein Mensch in einem Krieg, während sich alle 30 Sekunden ein erfolgreicher Suizid ereignet. Man kann die Verzweiflung der Menschen, die ihre Lebensverhältnisse einfach nicht mehr ertragen, ansatzweise zu ahnen versuchen und sich dann fragen, warum genau darüber in den Medien so wenig berichtet wird. Oder, anders gesagt: Während wir die vermeidbaren Grauen all der Kriege beklagen, die uns tagtäglich zur Aufmerksamkeit gebracht werden, ahnen die meisten Menschen noch nicht einmal, daß es ein ganz anderer Krieg ist, dessen Kombattanten und Kombattantinnen als solche – beabsichtigt oder nicht – wenig medienpräsent sind und der weltweit Jahr für Jahr zehnmal so viele Opfer fordert!

Durch solche Entwicklungen, die in ihrer Eskalation stellvertretend für vieles stehen, wird uns signalisiert, daß die Lebensverhältnisse und -erfahrungen im Umkreis der Schwelle hochdramatische sind. Es ist keineswegs so, daß wir Menschen uns alle in freudigem Aufbruch zu neuen Ufern befinden. Weltveränderungen zeitigen Entwicklungen, die mit voller Wucht auftreffen und uns Menschen in Situationen manövrieren, die nicht einfach auszuhalten und sinnvoll zu gestalten sind. Wendezeiten sind immer auch Entscheidungszeiten. Wohl dem, der sich gut darauf vorbereitet weiß!

Die nichtsinnliche Welt

Es ist allerdings auch geradezu verblüffend, wie naheliegend das Umdenken, also der Wechsel der Paradigmen ist, wenn man darauf schaut, was sich gegenwärtig im ganz gewöhnlichen Wissenschaftsbereich ereignet. Gute Wissenschaftler, Forscher und Erfinder sind ihrer Zeit voraus. Es wird durch sie und ihr Schaffen Zukunft vorstellbar, mitunter sogar weitreichender und tiefgreifender, als es ihnen selbst bewußt ist. Schon im Jahr 1783 z.B. sprach mit Benjamin Franklin zum ersten Mal ein Wissenschaftler vom durch Menschen bewirkten Klimawandel, insofern, als davon auszugehen sei, daß großflächige Rodungen der Wälder und argloses Verfeuern von Holz das Klima beeinflussen würden. 1783! Das ist aber nur eine von vielen Begebenheiten, die dafür stehen, daß und wie sich auch im Übergang vom 18. zum 19. Jahrhundert eine für das Welt- und Menschenbild markante Wende zur eigentlichen Schwellenzeit vollzog. Ein weiteres Beispiel dafür lieferte ebenso Benjamin Franklin mit einer Episode von der Entstehung der Unabhängigkeitserklärung der Vereinigten Staaten von Amerika. Den Entwurf der Präambel begann Thomas Jefferson 1776 noch mit der religiös ambitionierten Formulierung *„We hold these truths to be sacred and undeniable"*, was von Benjamin Franklin durch ein Zitat aus einem Werk von Isaak Newton mit *„We hold these truths to be self-evident"* ersetzt wurde. Nun war der Geist der Wissenschaft an die Stelle der religiösen Weltsicht früherer Zeiten getreten!

© gemeinfrei Joseph-Siffrein Duplessis (1725–1802)

Benjamin Franklin

In der Folge der weiteren Entwicklungen gerieten die Prinzipien spirituellen Lebens in den vollen wissenschaftlichen und öffentlichen Diskurs. Nicht mehr in Tempeln und verborgenen Initiationen werden sie heutzutage gelehrt. Sie sind nicht mehr das Wissen eines erlauchten Kreises von Eingeweihten. Jeder Mensch kann und wird ihnen begegnen, wenn er sich auf vernünftigen, modernen Wegen um ein Verstehen der Welt bemüht. Drei der wichtigsten dieser Prinzipien will ich stellvertretend im Kontext der großen Entwicklungen benennen.

Zuerst wird in den spirituellen Lehren und Systemen davon ausgegangen, daß die eigentlichen Quellen des Lebens nur aus einem Übersinnlichen heraus verständlich werden. Zweitens davon, daß es keine Naturgesetze gibt, sondern nur Naturphänomene, die in sich die Möglichkeit bergen, daß etwas im einen Augenblick so und im anderen Augenblick ganz anders sein kann. *„Alles fließt"*, sagen viele Adepten, wenn sie ihr diesbezügliches Verhältnis zur Welt beschreiben. Und drittens wird davon ausgegangen, daß alles Leben vom (ewigen) Grund aus absolut einzigartig, vollkommen und fehlerfrei ist. Diese drei hier ausgewählten Grundprinzipien der Spiritualität werden erstaunlicherweise mittlerweile eins zu eins durch die Entwicklungen und Sichtweisen der aktuellen Naturwissenschaft belegt.

Erkenntnisse der Wissenschaft werden heutzutage nicht mehr durch direkte sinnliche Wahrnehmung gewonnen. Was die Welt im Innersten zusammenhält und bewegt, ist ohne hochtechnisierte Apparate nicht mehr zu sehen. Es ist ein tatsächlich mindestens nichtsinnlicher (wenn nicht sogar übersinnlicher) Bereich, um den es hier geht. Die gewonnenen Erkenntnisse sind ebenfalls so umfangreich und komplex, daß sie vom menschlichen Denken allein nicht mehr erfaßt werden können. Die Informatik macht die Miniaturisierung und Beschleunigung überhaupt erst zugänglich, so daß Wissenschaft tatsächlich mehr und mehr zu einer „Big-Data-Science" wird. Gary King, Professor der US-amerikanischen Harvard-Universität und Big-Data-Wissenschaftler, beschrieb in einem Beitrag des Harvard-Magazins, wie eine neue Generation von Datenanalysten in Zukunft die Experten der verschiedenen Fachgebiete darin unterstützen wird, aus der ungeheuren Flut gespeicherter Daten relevante Auslesen und Verknüpfungen zu erstellen, die zu neuen Erkenntnissen führen sollen. Solche Big-Data-Analysten könnten zu den neuen „Sehern" im eigentlich Nichtsinnlichen werden.

Physik rechnet und erklärt mit Modellen. Schon beim Licht verhält es sich so, daß in dem einen Zusammenhang Phänomene erklärt werden können, indem man das Licht als eine Bewegung von Teilchen versteht, während andere Versuchsanordnungen es nahelegen, von Wellen oder Quanten zu sprechen. Selbst die Materie ist den heutigen Wissenschaftlern nicht mehr das, was sie noch vor wenigen Jahrzehnten zu sein schien. Der kürzlich verstorbene weltbekannte Physiker Hans-Peter Dürr konstatierte kurz und knapp, daß es Materie eigentlich gar nicht gebe, sondern nur den „Zwischenraum". In einem Interview beschrieb er es einmal so:

Hans-Peter Dürr

„Im Grunde gibt es Materie gar nicht. Jedenfalls nicht im geläufigen Sinne. Es gibt nur ein Beziehungsgefüge, ständigen Wandel, Lebendigkeit. Wir tun uns schwer, uns dies vorzustellen. Primär existiert nur Zusammenhang, das Verbindende ohne materielle Grundlage. Wir könnten es auch Geist nennen. Etwas, was wir nur spontan erleben und nicht greifen können. Materie und Energie treten erst sekundär in Erscheinung – gewissermaßen als geronnener, erstarrter Geist. Nach Albert Einstein ist Materie nur eine verdünnte Form der Energie. Ihr Untergrund jedoch ist nicht eine noch verfeinerte Energie, sondern etwas ganz Andersartiges, eben Lebendigkeit. Wir können sie etwa mit der Software in einem Computer vergleichen. (…) Wenn wir über die Quantenphysik sprechen, sollten wir eine Verb-Sprache verwenden. In der subatomaren Quantenwelt gibt es keine Gegenstände, keine Materie, keine Substantive – also Dinge, die wir anfassen und begreifen können. Es gibt nur Bewegungen, Prozesse, Verbindungen, Informationen. Auch diese genannten Substantive müßten wir übersetzen in: Es bewegt sich, es läuft ab, es hängt miteinander zusammen, es weiß voneinander.“ (pm-magazin.de)

Vor dem Hintergrund der immer weiter entwickelten Untersuchungsmethoden ist auch das Gen zu einem axiomatisch definierten Grundelement geworden. In wenigen Stunden kann mit relativ preiswerten Geräten in bald jeder Arztpraxis eine Genom-Zerlegung durchgeführt werden. Der absolute Grundbaustein des Lebens, der Code leiblichen Seins, wird der Forschung auf solchen Wegen immer einfacher zugänglich. Dabei stellt sich verblüffenderweise eine Erkenntnis ein, die von allem bisher über die Natur Gewußtem abweicht: Während nichts in der (sinnlich noch wahrnehmbaren) Natur ohne Ungenauigkeiten und Feh-

Jens Reich

ler existiert, funktionieren Polymerasen im Vermehren der Erbinformationen absolut exakt und fehlerfrei. Je kleiner und feiner sich Leben manifestiert, desto präziser funktioniert es. Der berühmte Mediziner und Molekularbiologe Jens Reich bezeichnet Mikroben gar als „Erfinder der modernen Molekulargenetik". Wie also kommt es zu Fehlern, und was sind sie überhaupt? Diese Frage führt vor dem Hintergrund der Vollkommenheit des Lebens an seinem Ursprung in die Dimensionen einer Zukunft, in der Antworten auf diese Frage unmittelbar mit einem Verständnis vom Sinn und Wesen des Lebens an sich verknüpft sind.

Auf den freien Menschen kommt es an

An *der Schwelle* gerät, was als sicher geglaubt wurde, ins Wanken. Bezüglich des Verständnisses von Welt und Leben habe ich Ihnen dafür eben beispielhaft drei Bereiche beschrieben. Und dann, wenn etwas sich ganz anders verhält, als man gedacht hat, wenn etwas vermeintlich Konstantes tatsächlich in dauernder Veränderung begriffen ist, schwindet auch die Bedeutung von Regeln, die in gutem Glauben für das Allgemeine formuliert wurden.

Die sogenannte „Clausula rebus sic stantibus" (lateinisch für: *Bestimmung der gleichbleibenden Umstände*) stellt die wesentliche Grundlage unseres Rechts- und Lebensgefühls dar. Wir gehen von verständlichen und gleichbleibenden Umständen aus, schon wenn wir uns allmorgendlich darauf einlassen, unseren Tag zu erleben. Aber auch jede Form von Vereinbarung, bis hin zu Verträgen, basiert auf Grundlagen, deren Verläßlichkeit wir erwarten. Ist dem einmal nicht so, berechtigt die *Clausula rebus sic stantibus* dazu, eine getroffene Vereinbarung oder berechtigte Erwartung den veränderten Bedingungen anzupassen. An dieser Stelle gerät selbst geltendes Recht ins Fließen. Damit verhält es sich allerdings so, daß wir Heutigen angesichts des täglichen Zuwachses an Wissen, damit verbundenen Möglichkeiten und faktisch eintretenden Veränderungen permanent um Anpassungsprozesse bemüht sein müssen. Mit allem anderen würden wir unsere Aufrichtigkeit verfehlen. Und wissen werden wir bald vor allem, daß wir eigentlich nichts wissen.

Wenn wir verstanden haben, daß im Umkreis der Schwelle bisher gekannte Erkenntnisse und gewohntes Recht nicht mehr tragen, bricht sich eine neue Erfahrung von Verantwortung Bahn. Dieser Prozeß schafft Raum für eine Sichtweise, die statt dessen zu urindividueller Verantwortung und jeweils ganz pragmatischer Reaktion führt. Es ist nichts mehr an Entscheidungsgrundlagen und Handlungsmaximen da, was noch zu delegieren wäre. Alleș kommt in jeder konkreten Situation auf jeden einzelnen Menschen an!

An der Schwelle geraten wir aber auch in ein Dilemma. So erschütternd und sogar auflösend der Forschungs- und Erkenntnishintergrund der modernen Naturwissenschaft in bezug auf überholte Paradigmen auch erscheint, kann er doch nur auf eine Spiritualität hinweisen, die er selbst nicht ist. Die kann eben nur von jedem einzelnen Menschen tatsächlich als freie Tat hervorgebracht, man möchte treffender sagen geboren, werden, der sich der Nähe zur Schwelle bewußt zu werden beginnt. Die Tatsachenerkenntnis für sich genommen ist noch nicht das Ziel, sondern ein darauf gegründetes neues Verhältnis zu Welt und Leben, das vom Menschen selbst als solches gewollt wird. Andernfalls würden beim Weg über die Schwelle gleichsam Mensch und Geist verlorengehen. Ken Wilber zeichnet den Spannungsbogen nach, indem er ausführt:

Ken Wilber

„Chaostheorie, Komplexitätstheorie, Systemtheorie oder Quantentheorie – für keines dieser neuen Paradigmen müssen Wissenschaftler eine kontemplative oder meditative Haltung einnehmen, weshalb diese Paradigmen aber auch keine unmittelbare spirituelle Erkenntnis vermitteln können. Sie sind einfach neue verstandesmäßige Vorstellungen, die an Sinneswahrnehmungen gekoppelt sind; sie sind keine transmentale Kontemplation, die das Göttliche offenbart." (Ken Wilber: *Naturwissenschaft und Religion*, Frankfurt am Main 2010)

Zusammengefaßt kann gesagt werden: Die gemeinte Schwelle verläuft nicht horizontal, indem sie absolut ein Unten von einem Oben trennt. Es reicht eben nicht, ein Unter- von einem Oberbewußtsein zu unterscheiden. Die Schwelle verläuft aber auch nicht vertikal zwischen einem Früher und Später. Sie ist eine Scheide, die sich – dynamisch, gleichsam diagonal verlaufend – aufgrund von Lebenssituationen und eingenommenen Standorten für jeden Menschen ergibt, der sich als freie Individualität zwischen den Bereichen des Essentiellen und des Existentiellen begreift und bekennt.

Bevor wir uns damit beschäftigen, was das bedeutet, sollen in den folgenden Kapiteln dieses Buchteils die drei Bereiche Materie, Energie und Information etwas genauer betrachtet werden. Dabei wird es vor allem um unser gewöhnliches, alltägliches Verhältnis zur Welt gehen und darum, in welche Richtung wir die Entwicklung in jedem der drei Bereiche derzeit treiben.

Leib und Nahrung: Materie

Schon vor Jahrtausenden, seit den Vorsokratikern, fragte man nach einem Urstoff (ἀρχή = griechisch arché), der allen Erscheinungen der äußerlich sichtbaren Welt zugrunde liegt. Empedokles schuf die Vier-Elemente-Lehre, nach der die ganze, sinnlich-sichtbare Welt aus Erde, Wasser, Luft und Feuer bestünde. Wenig später prägte Demokrit den Atombegriff, der bis heute für ein atomistisch-materialistisches Verstehen der Welt maßgeblich ist. Ein Atom, so das Verständnis der Vorsokratiker, ist das Kleinste, nicht mehr Teilbare (ἄτομος = griechisch átomos, unteilbar) der Materie. Demokrit meinte damals:

„Nur scheinbar hat ein Ding eine Farbe, nur scheinbar ist es süß oder bitter; in Wirklichkeit gibt es nur Atome im leeren Raum." (Wilhelm Capelle: *Die Vorsokratiker*, Leipzig 1935)

Heutzutage, über zweitausend Jahre später, hat sich das Verständnis der Materie auch unter der Voraussetzung der Atomtheorie maßgeblich verändert. Ernst Pascual Jordan, einer der Mitgestalter der Quantentheorie, schrieb dazu:

„Das Atom oder Elektron, wie wir sie heute kennen, ist in der Tat etwas vollkommen anderes als die Atome Demokrits. (...) Demokrit hat alle die Qualitäten der Farbe, des Geruchs und des Geschmacks für einen Schein erklärt und den Atomen nur die Eigenschaften von körperlicher Gestalt und Bewegung als wahre Eigenschaften zugeschrieben. (...) Das Atom, wie wir es heute kennen, hat nicht mehr die greifbar-anschaulichen Eigenschaften der Atome Demokrits, sondern es ist aller sinnlichen Qualitäten entkleidet und nur noch durch ein System von mathematischen Formeln charakterisiert. (...) Mit dieser Feststellung ist einer der hervorstechendsten Züge des materialistischen Weltbildes endgültig liquidiert, zugleich aber die positivistische Erkenntnistheorie in entscheidender Weise bestätigt und gerechtfertigt." (Edgar Hunger: Von Demokrit bis Heisenberg, Wiesbaden 1963)

Ein bislang ungelöstes Rätsel

Wenn Materie die Außenseite alles Erschienenen ist und wenn der Erscheinung Kräfte zugrunde liegen, die jene Ordnung der Atome bewirken, die zu einer jeweils unverwechselbaren Form führen, welche Vor- oder Ausgangsstufen können dann angenommen werden? Das Rätsel um die

© und Quelle: Cornelia Keusemann, Herdecke

Granitformation in Cape Breton, Kanada

Materie ist bis heute ungelöst geblieben. Je weiter die Forschung getrieben wird, desto komplexer und unwirklicher erscheint jener Weltbereich, in dem alles sichtbar Seiende seinen Ursprung hat. Physiker und Astronomen sprechen mittlerweile auch von „dunkler Materie", die 23 Prozent des Universums ausfüllt. Sie ist – im Gegensatz zur uns bekannten Materie, die nur vier Prozent des Universums ausmacht – nicht sichtbar (darum

„dunkel"). Es gibt aber Phänomene, die nur unter der Voraussetzung des Vorhandenseins dieser unsichtbaren Materie – die, anders als die uns vertraute „leuchtende" Materie, über keine Protonen, Neutronen und Elektronen verfügt – erklärt werden können. Die Geschwindigkeit z.B., mit der die sichtbaren Himmelskörper andere Himmelskörper umkreisen, ist höher, als die Gravitationskräfte es erwarten lassen. Dem muß also *etwas* zugrunde liegen, was nicht als leuchtende Materie verstanden werden kann. Der Übergang zu einer anderen Dimension tut sich auf, wenn man davon ausgeht, daß allem Seienden etwas zugrunde liegt, was eigentlich und prinzipiell etwas anderes als das bisher bekannte Materielle ist. Und wenn heute davon ausgegangen wird, daß zusammengenommen 27 Prozent des Universums aus leuchtender und dunkler Materie bestehen, wie kann dann auch noch jene „dunkle Energie" verstanden werden, die die anderen 73 Prozent des kosmischen Raums ausfüllt?

Schon für die Denker im alten Griechenland entstand alles aus der Umwandlung von Urmaterie – in einem Entwicklungsprozeß, in dem wirkt, was auch unser heutiges Vorstellungsvermögen noch weit zu übersteigen scheint. Schon Platon und Aristoteles sahen die Vielfalt materieller Erscheinungen nämlich nicht allein in einer immer differenzierteren Mischung von Urmaterien begründet, sondern in einer Kombination von Urstoff und Ideen. Demnach wären geistige Inhalte, Prinzipien, die in materiellen Zusammenhängen wirksam werden, für das Entstehen der sichtbaren Welt verantwortlich. Kurioserweise entspricht diese Auffassung genau dem, was Hans-Peter Dürr als Ergebnis der modernen Naturwissenschaft beschrieben hat (siehe im vorangegangenen Kapitel Seite 47). Freilich stellt man sich heute unter einer Urmaterie etwas anderes vor. Die in jüngster Vergangenheit gewonnenen Erkenntnisse legen nahe, daß die einzige Grundeigenschaft von Materie ihre Existenz ist. Sie ist eben nicht inexistent. Masse und Energie, die früher noch als Grundeigenschaften galten, werden heute bemerkenswerterweise als solche nicht mehr anerkannt. Und so stehen wir vor einem Rätsel, das uns selbst natürlich immer auch ganz persönlich betrifft. Von Beginn an bis zum Ende unserer Erdenzeit leben wir als Menschen ja in einer materiellen Erscheinung. Und die ist – warum auch immer zum Leib konfiguriert – substanziell nichts anderes als die uns umgebende Welt!

Form in Stoff: Die Solideszenz

Johann Gottfried Herder vermutete am Beginn des 19. Jahrhunderts für Welt und Leben eine „revolutionäre" Entwicklung aus einer ursprünglichen Welt des Anfangs, die, der Prima Materia der Alchemisten gleich, alles noch in sich trug, was jemals ins Dasein trat.

Johann Gottfried Herder

„Unsre Erde ist vielerlei Revolutionen durchgegangen, bis sie das, was sie jetzt ist, worden. Den Beweis dieses Satzes giebet sie selbst, auch schon durch das, was sie auf und unter ihrer Oberfläche (denn weiter sind die Menschen nicht gekommen) zeiget. (…) Viele dieser Revolutionen gehen eine schon gebildete Erde an und können also vielleicht als zufällig betrachtet werden; andre scheinen der Erde wesentlich zu sein und haben sie ursprünglich selbst gebildet. (…) Die Masse wirkender Kräfte und Elemente, aus der die Erde ward, enthielt wahrscheinlich als Chaos alles, was auf ihr werden sollte und konnte. In periodischen Zeiträumen entwickelte sich aus geistigen und körperlichen staminibus die Luft, das Feuer, das Wasser, die Erde." (Johann Gottfried Herder: *Ideen zur Philosophie der Geschichte der Menschheit,* Berlin 2013)

Nach diesem Verständnis gab es eine Urmaterie, die alles bereits in sich enthielt, was später, in einzelnen Erscheinungsformen separiert, unsere Welt sein sollte. In kosmischen Weiten wird das Ganze verortet, zu dem sich die Erde verhält wie ein sinnvoll gewordenes Teil.

„Vom Himmel muß unsre Philosophie der Geschichte des menschlichen Geschlechts anfangen, wenn sie einigermaßen diesen Namen verdienen soll. Denn da unser Wohnplatz, die Erde, nichts durch sich selbst ist, sondern von himmlischen, durch unser ganzes Weltall sich erstreckenden Kräften ihre Beschaffenheit und Gestalt, ihr Vermögen zur Organisation und Erhaltung der Geschöpfe empfängt, so muß man sie zuvörderst nicht allein und einsam, sondern im Chor der Welten betrachten, unter die sie gesetzt ist." (ebd.)

Damit nahm Herder eine Position ein, die der damals aufkommenden materialistischen Naturwissenschaft widersprach. Es sollte noch etwa 200 Jahre dauern, bis die Naturwissenschaft sich genau jener Position wieder nähern sollte, die sie einst zunächst verworfen hatte. Immer weiter ging menschlicher Forscherdrang inzwischen den Dingen und Verhältnissen auf den Grund. Abraham Gottlob Werner begründete gegen Ende des 18. Jahrhunderts die wissenschaftliche Geologie

Abraham Gottlob Werner

und schuf die Voraussetzungen für seine Geognosie, in der er den Aufbau und die Beschaffenheit der Erdkruste als Ergebnis von Sedimentierungen erklärte (Neptunismus). Die heutige Welt sei eine weitere Kombination und Kumulation des Ursprünglichen, das aus wäßrigen Zuständen ausgefällt ist. Damit wird die Entstehung von Leben mit der genialen Kombination von Totem erklärt. Eine Auffassung, die auch im Plutonismus vertreten wird, der die Herkunft der Gesteine auf vulkanische Kräfte zurückführt. Diese Sichtweise, die sich gegen den Neptunismus durchsetzte, bestimmt die Geologie bis heute. Aber muß darin das Tote mutmaßlicher Ursprung des Lebens bleiben? Diese Sichtweise entsprach jedenfalls ganz und gar nicht derjenigen Johann Gottfried Herders.

Am Porphyr durchgeführte Betrachtungen leiteten Johann Wolfgang von Goethe [siehe Seite 23], der ein Zeitgenosse Herders war, zu der Auffassung, daß sich in der Entstehung der Welt und in der Entwicklung des Lebens etwas in einem „Enthaltenen Enthaltenes" in einem Werde- und Entwicklungsprozeß gesondert hat. Porphyr enthält als vulkanisches Gestein in einer feinkörnigen Grundmasse einzelne große Kristalle. Die Bezeichnung, die in der heutigen geologischen Fachsprache als Sammelbegriff für ein bestimmtes Gefügebild eines Gesteins verwendet wird, stand für Goethe für einen Prozeß: In einer ersten, keimhaften Form des Lebens sondern sich die Organe aus dem Gesamten. Dieser Vorgang der Sonderung, der in der Geologie exemplarisch beschrieben werden kann, liege, so Johann Wolfgang von Goethe, der Entwicklung und Entfaltung aller Lebensformen zugrunde. Er nannte diesen Vorgang Solideszenz. Seine Vermutung war, daß der Prozeß vom Flüssigen zum Festen führt, wobei er unter „flüssig" nicht zu heißen Magmen geschmolzene Gesteine verstand, sondern einen Zustand der Welt, der einer frühen Werdeform entsprach und der vor späteren Verfestigungen schon war.

Die Solideszenz als Sonderung ist ein anderer Prozeß als die Entwicklung von Leben aus Totem. Zuallermeist stellen wir uns die

Entstehung des Lebens als eine Entwicklung aus dem einst noch Unlebendigen vor. Darin erscheinen auch Geist und Bewußtsein als Eigenschaften aus zufälliger Evolution. Es läßt sich aber, auch aufgrund des Wissens, das wir uns als Menschengemeinschaft bis heute über das Werden von Welt und Leben erworben haben, die andere, nennen wir sie Goethesche Sichtweise, vertreten, nach der Leben immer nur aus Lebendigem hervorgehen kann. Die Solideszenz ist demnach ein Vorgang der Entwicklung durch Sonderung, die zugleich zu höheren Stufen der Vervollkommnung führt. Bemerkenswert daran ist, daß es latent immer schon vorhandene Eigenschaften sind, die durch das Werden sichtbarer Formen, in denen sich Leben inkarniert, dann wirksam zu existieren beginnen. Im Ursprung war alles miteinander verbunden, koexistent, was im zeitlichen Verlauf solideszierend schließlich in Vereinzelungen erscheint. Nähern wir uns diesem Verständnis von Welt und Leben, beginnen wir zu ahnen, wie auch wir diesbezüglich als einzelne Menschenwesen mit dem großen Ganzen des Kosmos und der kosmologischen Entwicklung verbunden sind.

„Allein das bloße Erstaunen, das uns vernichtigt, ist wohl kaum die edelste und bleibendste Wirkung. Der in sich selbst überall allgnugsamen Natur ist das Staubkorn so wert als ein unermeßliches Ganze. Sie bestimmte Punkte des Raums und des Daseins, wo Welten sich bilden sollten, und in jedem dieser Punkte ist sie mit ihrer unzertrennlichen Fülle von Macht, Weisheit und Güte so ganz, als ob keine andre Punkte der Bildung, keine andre Weltatomen wären. Wenn ich also das große Himmelsbuch aufschlage und diesen unermeßlichen Palast, den allein und überall nur die Gottheit zu erfüllen vermag, vor mir sehe, so schließe ich, so ungeteilt, als ich kann, vom Ganzen aufs Einzelne, vom Einzelnen aufs Ganze. Es war nur eine Kraft, die die glänzende Sonne schuf und mein Staubkorn an ihr erhält; nur eine Kraft, die eine Milchstraße von Sonnen sich vielleicht um den Sirius bewegen läßt und die in Gesetzen der Schwere auf meinem Erdkörper wirket." (ebd.)

Konnaturalität

Dem evangelischen Theologen und Schriftsteller Johannes Daniel Falk hatte Goethe einst ein Stück Granit geschenkt und den Freund zugleich auf eine besondere Art des Naturerlebens hingewiesen:

„Etwas, wie Sie sehen, ist da, was einander aufsucht, durchdringt und, wenn es eins ist, wieder einem Dritten die Entstehung giebt. Glauben Sie nur: hier ist ein Stück von der ältesten Urkunde des Menschengeschlechts. Den Zusammenhang aber müssen Sie selbst entdecken. Wer es nicht findet,

dem hilft es auch nichts, wenn man es ihm sagt." (Johann Wolfgang von Goethe: *Gespräche, Band 4*, Berlin 1987)

Auch bezüglich der Welt ist das eine der Bereich der Erkenntnis, die über Ursachen und Wirkungen von Phänomenen Klarheiten bringt. Etwas anderes ist ein Erleben von Zusammenhängen, die jedes Einzelne aus dem Ganzen heraus erscheinen läßt. Der Cartesianismus, der solche Erlebnisse rationalisiert, indem er grundsätzlich zuerst die Bereiche der Materie und des Geistes voneinander unterscheidet und trennt, ist uns Menschen in den letzten drei Jahrhunderten seit seiner Entstehung in Fleisch und Blut übergegangen. Dieses Erbe gilt es erst zu bearbeiten und zu wandeln, bevor jene Erlebnisschicht (wieder) zugänglich wird, von der Goethe sprach. Dennoch kommt gerade darauf sehr viel an. Heute mehr denn je!

Wir als Menschen könnten glauben, daß wir uns von Natur aus als separiert in unserer Welt erleben müßten. Die Tatsache, daß auch wir uns mit unserem Leib total identifizieren, legt das nahe. Daß dieser Leib schon materiell ein Teil der Welt ist, mag nachdenklich stimmen und zur Besinnung leiten. Aber es bricht damit unweigerlich die Frage auf, ob wir diese faktische Verbundenheit auch erleben und zur Grundlage unseres Handelns machen (wollen). Wir selbst als Teil der Welt! Unsere leibliche Existenz fraglos als Ort der Inkarnation eines Bewußtseins, das allzuoft nur auf sich selbst gerichtet ist. Demgegenüber ist eine Erlebensform und Haltung möglich, die sich ganz anders ausnimmt, nämlich konnatural. Die Teilung der Natur in subjektiv und objektiv, wie sie vom Menschen gewöhnlich vollzogen wird, findet sich darin überwunden und aufgehoben.

In den 1960er Jahren war es Jürgen Habermas, der in der Auseinandersetzung mit dem Marxschen Naturbegriff kritisierte, daß das Verhältnis des Menschen zur Natur immer mehr auf technische Verfügungen und Vernutzungen beschränkt wird. Dadurch würde menschliche Erkenntnis immer mehr zu einem bloßen „*Verfügungswissen*", das schließlich auch „*die Kontrolle des gesellschaftlichen Lebensprozesses ermöglicht*" (siehe: Jürgen Habermas: *Erkenntnis und Interesse*, Frankfurt am Main 1968). Damit wurde der Zusammenhang zwischen Naturerleben und „Liebefähigkeit" verdeutlicht, der schon durch Thomas von Aquin vor rund 800 Jahren untersucht worden war. Konnaturalität ist nicht Ausdruck einer sentimentalen Beziehung des Menschen zur Welt, sondern eine Erlebensart, zu der neue naturwissenschaftliche Forschungen wieder hinführen und die in ihren Folgen aufs engste mit unseren Fähigkeiten zu Empathie, Mitleid und Liebe verknüpft ist.

„Diese Konnaturalität ist Grund der Liebe und wird als Liebe vollzogen und bewirkt eine wachsende Konnaturalität. Die Erkenntnisdimension der Liebe als Konnaturalität bezeichnet die Gabe der Weisheit. Konnaturalität als Liebe impliziert Erkennen des Gegenüber als konnatural; dieses Erkennen ist nicht-kursiv und nicht-begrifflich. (...) Diese nicht-diskursive Erkenntnis bedarf des Glaubens als Verstandesakt, um zu einer sprachlichen, begrifflichen Erkenntnis zu werden, die wiederum Voraussetzung für ein menschliches Lieben ist, das sich immer nur als Erkennen mit allen Erkenntnismöglichkeiten des Menschen vollziehen kann." (Miriam Rose: *Fides caritate formata*, Göttingen 2007)

Verbrauch, Konsum und Wandlung

Jedes Lebewesen auf Erden existiert in einer grundsätzlichen Bedarfssituation. Diese Tatsache verbindet auch jeden Menschen absolut mit der materiellen Welt. Im Unterschied zu allen anderen Lebewesen auf unserer Planetin sind wir Menschen in der Ausgestaltung der Bedarfsbefriedigung frei. Im Extrem werden wir die Erde als Produktionsstätte für all das behandeln, was der Befriedigung unserer Bedürfnisse im gewünschten Umfang dient. Gaben der Natur finden sich darin zur Biomasse degradiert, Land und Leben in Produktionsketten eingereiht. Was sich ereignet, folgt den vorherrschenden Weltbildern ebenso, wie es sie immer weiter dem Essentiellen entfremdet und für die existentielle Ausbeutung prädestiniert: Wir können mehr als nötig verbrauchen und darum überhaupt nicht nachhaltig handeln. Und genau das tun wir auch! Am Beispiel der Landwirtschaft wird das exemplarisch überdeutlich.

Im Jahr 1816 geschah etwas Merkwürdiges, denn es wurde nicht Sommer. Davon waren, wie wir heute wissen, weite Teile der Erde betroffen. Auch im zentralen Europa herrschten im Juli und August Minusgrade, und es lag Schnee. Ein gewaltiger Vulkanausbruch in Indonesien war die Ursache für dieses „Jahr ohne Sommer". Sie können sich sicherlich leicht vorstellen, was das für Folgen für die Menschen hatte. Überall wurde unsäglich gelitten. Nicht nur wegen der Kälte, sondern schließlich auch wegen der Nahrungsmittelknappheit. Viele Menschen verhungerten. Den damals 13jährigen Justus Liebig machte das tief betroffen. Und einige Jahre später, so um das Jahr 1840, reifte vor dem Hintergrund dieser traumatischen Erinnerungen in ihm die Idee, der Erde durch künstliche Eingriffe mehr abzuverlangen, als sie unter unveränderten Bedingungen normalerweise zu geben in der Lage ist. Wenn ein Acker bislang eine gewisse Menge an Getreide als Ernte abgibt, so könnte

Justus Liebig

man – das war die Idee von Justus Liebig – vielleicht Methoden dafür entwickeln, die einen wesentlich höheren Ertrag ermöglichen würden. Und so erfand er schließlich den Kunstdünger. Dafür werden der Erde bestimmte Mineralien entnommen, um sie danach chemisch aufzubereiten und wieder auf die Felder auszubringen. Das steigert tatsächlich für eine gewisse Zeitspanne den Ertrag, schafft aber gleichzeitig auch große Probleme, denn die Böden verlieren ihre Kraft. Bestandteile des Kunstdüngers gelangen ins Wasser und auf diesem Weg schließlich in die Nahrungskette, die auch bis zu uns Menschen reicht. Davon wußte Justus Liebig allerdings noch nichts.

Zu jedem Menschen gehört eine ihm zurechenbare Fläche fruchtbaren Bodens, die dafür notwendig ist, ihn auskömmlich zu ernähren und zu versorgen. Weltdurchschnittlich sind das heutzutage noch etwa 2.000 Quadratmeter (1,4 Milliarden Hektar globaler Ackerfläche bei über 7 Milliarden Menschen auf Erden). Auf dieser (fiktiven) Fläche werden direkt Nahrungsmittel angebaut oder Pflanzen, die zur Versorgung weiterverwendet und verarbeitet werden (Tierfutter oder auch Ausgangsstoffe der verarbeitenden Industrie). Den Konsumgepflogenheiten der Europäer ist es geschuldet, daß wir mehr als die 2.000 Quadratmeter pro Kopf beanspruchen, nämlich 2.700 Quadratmeter. Den Überhang nutzen wir für den eigenen Bedarf vor allem in Südamerika, von wo beispielsweise jährlich allein 30 Millionen Tonnen Soja für die Herstellung von Kraftfutter für Tiere importiert werden (die pro Jahr verbrauchte Menge hat sich in den letzten zwölf Jahren verdoppelt!), während bereits ein Fünftel der europäischen Ackerfläche für Biosprit bestellt sind.

Im Jahr 2013 wurde die größte Ernte aller Zeiten eingefahren. Hätte man sie sinnvoll genutzt, hätte man damit 12 bis 14 Milliarden Menschen für ein ganzes Jahr ernähren können. An dieser Überlegung wird das Problem deutlich, das entsteht, wenn unsere Ernährungsgewohnheiten immer mehr von den Prinzipien nachhaltigen Verhaltens entfernt sind. Während die zugerechneten 2.000 Quadratmeter Weltackerfläche für einen passionierten Fleischesser nicht reichen, genügen einem Vegetarier ganze 650 Quadratmeter, um ein Jahr lang satt zu werden!

Die Problematik der unsachgemäßen Nutzung der Ackerflächen wird offensichtlich nicht genügend bedacht. Hinzu kommt, daß an der Beseitigung der Ursachen der Verteilungsungerechtigkeit zuwenig gearbeitet wird. Das geldgenährte Wachstumsparadigma der vorherrschenden Ökonomie bedingt immer weiter reichende Fehlentwicklungen. So steht die Steigerung der Erträge vor dem Entwickeln sinnvoller Nutzungs- und Verteilungskonzepte. Statt dessen sind bereits 10 Prozent der globalen Ackerfläche mit transgenen Nutzpflanzen bestellt, die Glück verheißen, aber offensichtlich nur Unglück bringen. Wir futtern als Weltgemeinschaft auch diesbezüglich auf Kredit künftiger Generationen.

Aus der existentiellen Verbundenheit mit der Welt resultiert der Wunsch zu möglichst effizientem Verhalten. Übertragen auf die zugerechneten 2.000 Quadratmeter Ackerfläche würde das bedeuten, daß man darauf Erträge erwirtschaftet, die unter gewöhnlichen Bedingungen von einer Fläche von z.B. 2.300 Quadratmetern stammen. So effizient das auch ist, hält es der gebotenen Nachhaltigkeit nicht stand. Je effizienter ein Verhalten ist, desto weniger resilient (widerstandsfähig) sind die erzielten Ergebnisse. Das Optimum ergibt sich in einem zwischen Effizienz und Resilienz ausgewogenen Gleichgewicht. Unsere Freiheit sollten wir vor allem auch dafür verwenden, unser Verhältnis zur Welt nachhaltig zu gestalten. Später, im Kapitel „Erwarten statt forcieren", [siehe Seite 126] komme ich darauf noch einmal zurück, indem ich aufzeigen will, inwiefern uns auf solchen Wegen das bestmögliche Lebensgefühl erwartet, denn Mitweltlichkeit hat auch viel mit Lebensqualität zu tun!

Von Menschen gemacht

Im Verlauf der naturwissenschaftlichen Entwicklungen bildeten sich bereits am Beginn des 20. Jahrhunderts neue Sichtweisen heraus, mit Hilfe derer man darum bemüht war, Technik in das Ganze der Welt einzuordnen. Das Entstehen technischer Systeme wurde selbst von namhaften Physikern wie Werner Heisenberg im Kontext evolutionärer Prozesse verstanden. Maschinen im gleichen Rang wie Lebewesen? Oder gar, als Ziel, eine Symbiose von Mensch und Maschine? Es waren Visionen, die damals weit über ihre Zeit hinausreichten, die das

Denken der Forscher und Forscherinnen bereits vor gut einhundert Jahren bestimmten.

Werner Heisenberg

„Vielleicht werden später die vielen technischen Apparate ebenso unvermeidlich zum Menschen gehören wie das Schneckenhaus zur Schnekke oder das Netz zur Spinne.“ Für Werner Heisenberg war Technik *„ein biologischer Vorgang im großen, bei dem die im menschlichen Organismus angelegten Strukturen in immer weiterem Maße auf die Umwelt des Menschen übertragen werden, ein biologischer Vorgang also, der eben als solcher der Kontrolle durch den Menschen entzogen ist.“* (Werner Heisenberg: *Das Naturbild der heutigen Physik,* Reinbek b. Hamburg 1984)

Technisierung verändert das Verhältnis des Menschen zur Erde. Was durch Erfindungsgeist möglich und machbar ist, wird niemals vor dem prinzipiellen Gefüge des Lebens haltmachen. Bedenken, die an einer Einflußnahme auf die leiblich-materielle Beschaffenheit der Welt und der in ihr lebenden Wesen vielleicht in den Instinkten noch veranlagt sind, werden für den Menschen aus vielerlei Gründen, von Technik getrieben, zerstreut. Die Herausforderungen, mit denen sich die Menschengemeinschaft angesichts ihres exponentiellen Wachstums und der gleichzeitig zunehmenden Komplexität der Formen des Zusammenlebens konfrontiert sieht, verleiten dazu, das in einer Zeit noch nicht Machbare für die Zukunft dennoch zu probieren. Die Welternährungsfrage ist somit eine Herausforderung. Wie kann es gelingen, immer mehr Menschen durch Umgang mit begrenzten Ressourcen hinlänglich auskömmlich zu ernähren? Möglicherweise kann es gelingen, die Erde unseren Lebensweisen und Gewohnheiten des Verbrauchs anzupassen. Wir könnten die Welt zu dem machen, was wir idealiter als Lebensraum für uns fordern. Auf die Idee, daß das der genau falsche Weg sein könnte, daß wir uns vielmehr an die Welt anpassen sollten, statt sie zu unseren vermeintlichen Gunsten immer weiter zu verformen, kommen bis heute erst nur sehr wenige Menschen. Die meisten von uns folgen einem Weg, der historisch veranlagt wurde, als sich die verschiedenen bis heute kumulierten und bereits anfänglich eskalierten Probleme abzuzeichnen begannen.

Kompression

Daß wir in einem materiellen Leib lebende Wesen sind, begründet in erster Linie unsere existentielle Zugehörigkeit zur ganzen Welt. Wir sind ein untrennbarer Teil von ihr. Von unseren Bedürfnissen ist das wichtigste das der Ernährung. Wir sind auf Nahrungsmittel angewiesen. Nun sehen wir uns mittlerweile mit einer Rechnung konfrontiert, die das exponentiell fortschreitende Wachstum der Bevölkerung in ein Verhältnis zu den zur Verfügung stehenden Ackerflächen setzt. Hin und wieder kann das aufklaffende Problem zwar noch damit beschönigt werden, daß die Verantwortung für den zunehmenden Hunger mit der vorherrschenden Verteilungsungerechtigkeit begründet wird, aber diese Argumentation wird sicherlich nicht mehr sehr lange tragen. Was also tun?

Neben Vorschlägen für einen gemäßigten, suffizienten (von lat. *sufficere*, dt. *ausreichen*) Konsum und ein bewußtes Haushalten mit dem bislang Möglichen hat man damit begonnen, an einer verwegenen Idee zu arbeiten. Könnte es in Zukunft möglich sein, Lebensmittel synthetisch, also gänzlich ohne Natur, herzustellen? Das so genannte „Food Design" findet in dieser speziellen Entwicklungsrichtung möglicherweise seine vermutlich profitabelste Sparte. In den ersten, bestens finanzierten Startups (namhafte Größen des Wirtschaftslebens wie Bill Gates und der Google-Investor Peter Thiel gehören zu den Lead-Investoren) werden Lebensmittel produziert und bereits auf den Markt gebracht, die für die allermeisten Menschen (noch) gehörig Grund zum Ekeln liefern: künstliches Rührei, Burgerfleisch aus der Retorte (gezüchtet aus Stammzellen von Rindern), künstlicher Käse, Hühnchenfleisch, das in Wahrheit keines ist, Fische, Krabben usw. „Meat the Future" ist der Werbeslogan einer der Firmen, die mit modernster Labortechnik ebenso die Welternährungsfrage lösen wie die Massentierhaltung abschaffen wollen. Ethische Bedenken (von Tier- und Naturschützern) werden eben auch gekonnt bemüht, um die neue Industrie zu rechtfertigen!

Neben den inzwischen schon allerorten verfügbaren pflanzlichen Würstchen mit Fleischgeschmack oder der Eimasse auf der Basis von Erbsen, Hirse und neun weiteren Pflanzen (die globale Verbrauchsmenge von jährlich 1,3 Billionen Eiern von Legehennen könnte reduziert werden) wird die Entwicklung im Labor noch wesentlich weiter getrieben. Davon ausgehend, daß wir Menschen den allergrößten Teil der von der Natur photosynthetisch erzeugten Produkte für unsere Ernährung bislang nicht nutzen (Holz können wir nicht essen), stellt sich die Frage, was technisch unternommen werden könnte, um es dennoch zu tun. Darüber hinaus hat man sich sogar auch noch daran gemacht, Verfahren zu entwickeln, mit denen Nahrungsmittel aus Kohle, Erdöl und Erdgas produziert werden können. Damit wäre es rein rechnerisch möglich, einen Menschen ein ganzes Jahr lang für einen Preis von rund einhundert Dollar satt zu bekommen. Die Produktion solcher konzentrierter Nahrungssubstanzen (Pille genügt!) erfordert zwar noch gewaltige Investitionen, verheißt den Investoren aber zugleich auch exorbitante Gewinne.

Die eingeschlagene Richtung wird immer weiter dahin führen, daß sich der Mensch von der Natur abkoppelt, wo er nur kann. Dann braucht man auch nicht mehr über die Steigerung von Erträgen auf immer knapperen Flächen nachzudenken, denn der „Nährwert" des Kunstessens ließe sich bei gleichen oder sogar deutlich geringeren Mengen traumhaft ins noch Undenkbare steigern. „Meat the future"!

Neues Sehen und Erleben der Welt

Die allgemeine Bildung nahm vom Beginn des 19. Jahrhunderts an beträchtlich zu. Immer mehr Menschen waren in der Lage, sich über Welt und Leben ihre eigenen Gedanken zu machen, weil sie lesen lernten. Die Buchproduktion verzeichnete steile Wachstumskurven, was auch dazu beitrug, daß sich das Verhältnis des Menschen zur Welt tiefgreifend veränderte. Signifikant daran war, daß jedem Menschen ein persönliches Verhältnis zu Welt und Leben, aus Einsicht gestaltet, überhaupt erst möglich wurde. Das läßt bis dato offen, wie und mit welchen Folgen jemand leben will und wird.

Die Aufklärung, verbunden mit der Säkularisierung, bereitete den Raum, in dem sich der mündige Mensch entwickeln konnte. Es war fortan immer weniger so, daß aus dem Gebot eines Sollens gelebt wurde, sondern vielmehr aus einem eigenen, persönlichen Weltverstehen heraus. Dieser prinzipielle Segen führte allerdings auch zu den bereits beschriebenen Entwicklungen, die bis in unsere Zeit hinein an Schärfe zugenommen haben: Verantwortung aus Einsicht ist angesichts der Gefahr egoistisch getriebener Verhaltensweisen nicht mehr leicht zu haben!

Mindestens zwei grundsätzliche Möglichkeiten für das Wahrnehmen und Erleben der Welt bieten sich an, wenn wir uns zunächst nur auf das wissenschaftlich-technische (existentielle) und persönlich-individuelle (essentielle) Erfahren beschränken. Das subjektiv-persönliche Erfahren findet sich hinter das wissenschaftlich-technische zurückgesetzt. Daß das so ist, liefert den Beleg für eine bestimmte allgemeine Geisteshaltung. Diese Art der Weltwahrnehmung ist beschränkt, weil sie vor allem jene Erlebensart in Zweifel zieht bzw. geringschätzt, auf die wir unsere souveräne alltägliche Lebensführung gründen. Deutlich wird dieses Dilemma besonders dann, wenn man sich mit Menschen befaßt, die ihre Fähigkeiten des subjektiven Welterlebens so weit ausgebildet haben, daß ihnen objektive Erkenntnisse zugänglich werden. Stellvertretend für viele andere möchte ich hier Jacques Lusseyran zu Wort kommen lassen.

Demjenigen, was die Welt eigentlich ist, können wir uns ahnend nähern, wenn wir darauf schauen, wie sie der als Kind erblindete Jacques Lusseyran trotz des erloschenen Augenlichts wahrnehmen konnte: *„Meine Blindheit war für mich eine große Überraschung, glich sie doch in keiner Weise meinen Vorstellungen von ihr; auch nicht den Vorstellungen, welche die Menschen um mich herum von ihr zu haben schienen. Sie sagten mir, Blindsein bedeute Nichtsehen. Aber wie konnte ich ihnen Glauben schenken, da ich doch sah? Nicht sofort, das gebe ich zu. Eines Tages jedoch (und dieser Tag kam ziemlich rasch) merkte ich, daß ich ganz einfach falsch sah, daß ich einen Fehler machte, wie einer, der die Brille wechselt, weil sich sein Auge den Gläsern nicht anpassen wollte. Ich blickte zu sehr in die Ferne und vor allem zu sehr auf die Oberfläche der Dinge. Das war weit mehr als nur eine gewöhnliche Entdeckung, es war eine Offenbarung."*

Und an anderer Stelle seiner Autobiographie schreibt er:

„Um [die Bäume; P.K.] auf diese Weise wahrzunehmen, mußte ich mich in einem Zustand halten, der von all meinen Gewohnheiten so sehr abwich, daß es mir nicht gelang, längere Zeit in ihm zu verharren. Ich mußte die Bäume selbst ganz an mich herankommen lassen. Ich durfte nicht die geringste Absicht, auf sie zuzugehen, den geringsten Wunsch, sie kennenzulernen, zwischen sie und mich stellen. Ich durfte nicht neugierig sein, nicht ungeduldig, vor allem nicht stolz auf meine Fähigkeit." (Jacques Lusseyran: *Das wiedergefundene Licht*, Stuttgart 1979)

Für ein Wahrnehmen dieser Art stellt sich selbst die materielle Außenseite der Welt ganz anders als allgemein gewohnt dar. Diese materielle Außenseite ist ein Ort des Lebens, eines Lebens, das sich unerwartet komplex ausnehmen kann, wenn sich Schichten und Seiten offenbaren, die den Sinnen zunächst nicht ohne weiteres zugänglich sind. Diesen Grund des Seins ausschließen zu wollen wäre, gerade vor dem Hintergrund der modernen Naturwissenschaft, leichtfertig. Das Beispiel macht deutlich, über welche meist untrainierten Fähigkeiten potentiell jeder Mensch verfügt. Würden wir konsequent an diesen Fähigkeiten arbeiten, würde sich zugleich unser Verständnis von Materie gravierend verändern. Der modernen Naturwissenschaft stünde das Ergebnis indessen in nichts nach.

Materie neu lieben lernen

Die beiden Zitate weisen auf eine Art des mitweltlichen Welterfahrens hin, das für unsere Zeit als Initium novum gelten kann. Selbst die materielle Außenseite unserer Welt wird neu erlebt, wenn die Erfahrung des Verbundenseins mit allem, was ist, zugänglich wird. In den Gewohnheiten des Separiertseins, die durch unsere Lebensart veranlagt sind und werden, ist das für uns erst mal ungewohnt. Das neue, mitweltliche Bewußtsein, um das es geht, ist eines, das primär darauf gerichtet ist, sich im großen Zusammenhang verankert zu wissen. Mehr als um die individuelle Intelligenz geht es um eine Kognition, die mit der Verbundenheit allen Seins und Lebens rechnet. Ich habe ihr in meinem Buch *Natur und Mensch* (Flensburg 2013) das von mir so genannte Peripheriebewußtsein zugeordnet (im Kapitel *„Innere Übung"*) und die Konsequenzen erläutert, die sich daraus für die eigene Lebensart und -weise ergeben.

Wolfgang Schad

In seinem jüngst erschienenen Buch *Der periphere Blick* (Stuttgart 2014) geht der Evolutionsbiologe Wolfgang Schad dem gleichen Thema auf den Grund, indem er die Bedingungen und Konsequenzen jener *neuen* Erkenntnisart vor naturwissenschaftlichem Hintergrund beleuchtet.

Mitweltliches Erleben führt zu einem Umgang mit der Welt, der nicht im herkömmlichen Sinn fürsorglich genannt werden muß, weil es zwischen Mensch und Welt in dieser Hinsicht keinen Unterschied mehr gibt. Pflege der Welt ist darin zugleich auch Pflege des eigenen Selbst. Jedes Wohl und jedes Wehe, das wir Menschen für unsere Welt auslösen, fügen wir direkt auch uns selbst zu.

Die Kraft, die alles hält und treibt: Energie

Bäume wiegen sich im Wind, der das Wasser in Wellen wirft. Wolken ziehen über den Himmel, hin und wieder blitzt das wärmende Licht der Sonne hindurch. Flüsse mäandern durch Landschaften und ergießen ihre Wasser schließlich ins Meer. Die grüne Pflanzendecke überzieht die Erde. Tiere und Menschen leben darin, bewegen sich in ihren Lebensräumen. Tage wechseln sich mit Nächten ab, in denen Sterne am Himmel funkeln. Geborenwerden, Leben und Tod ereignen sich. Klänge erfüllen die Welt. Landschaften werden vom Wetter und durch Lebewesen verändert. Alles entwickelt sich, bleibt für keinen Moment gleich. Was heute ist, wird schon morgen ganz anders sein. Das ist das Leben. Und Leben ist – zu einem großen Teil – Energie!

Meereswogen an der kanadischen Atlantikküste

Überall beruht Leben auf Energie, verbindet sich mit ihr und wandelt sie um. Dieser Energieprozeß beruht zu einem großen Teil auf

Voraussetzungen, denen wir nicht ausweichen können, die unserem bewußten Zugriff aber weitgehend entzogen sind. Der Bedarf an Nahrung, Wärme und Kraft stellt sich ein – ob wir das wollen oder nicht. Und es gibt für jedes Lebewesen nur den einen Weg, nämlich jeden Bedarf aus dem zu befriedigen, was die Erde dafür als Gaben bereithält. In der Regel ereignet sich die Bedürfnisbefriedigung in ausgewogenen Kreisläufen. Was ein Lebewesen für sich benötigt, wird von einem anderen bereitgestellt. Und wenn das Bereitgestellte bedarfsgerecht verwendet wird, wird es darin so gewandelt, daß es zur Befriedigung des Bedarfs eines anderen Lebewesens geeignet ist. Abfall, also etwas in einem Kreislauf nicht mehr Verwertbares, entsteht dabei nicht. Außerdem ist in einer natürlichen Ordnung der Bedarf eines Lebewesens nie größer, als es den Möglichkeiten seines Lebensraums entspricht. So funktionieren Welt und Leben – solange wir Menschen nicht alles durcheinanderbringen. Denn wir produzieren, energiehungrig – als einzige Lebewesen – Abfall und verbrauchen von den Gaben der Erde zunehmend sehr viel mehr, als uns zur Verfügung steht.

Die Welt wird verändert

In meinen Vorträgen zeige ich hin und wieder ein Werkzeug, das vor vielen tausend Jahren von einem Menschen aus Flintstein angefertigt wurde. Um dem harten Stein seine Form zu geben, wurde vom Menschen Energie aufgewendet, als er den Rohling einst mit einem Geweihhammer beschlug. Durch lange Zeiten hindurch blieb es bei solchen handwerklichen Tätigkeiten, bis sich die Möglichkeit erschloß, körperfremde Energien für den Antrieb von Maschinen zu nutzen. Der Zeitraum, in dem das bis zur heutigen Perfektion entwickelt wurde, ist im Verhältnis zur angenommenen Zeit seit dem Beginn der Entwicklung unseres Sonnensystems erstaunlich kurz. Wenn wir die (angenommenen) 4,6 Milliarden Jahre auf eine Zeitlinie von einem Jahr transponieren, begann die Entwicklung der Erde vor gerade mal zwei Monaten, die des Homo sapiens vor fünf Minuten, und die Entwicklung der neuzeitlichen, technisierten und industrialisierten Welt dauerte bisher lediglich eine Sekunde!

Erst seit dem 19. Jahrhundert begannen die Menschen, sich über Energie und Energienutzungen Gedanken zu machen. Die Industrialisierung förderte den Forscherdrang, der zugleich immer mehr Einsatzgebiete erschloß. Der schottische Physiker und Ingenieur William John Macquorn Rankine prägte 1852 den Begriff „Energie" (von Griechisch ἐν = in, innen und ἔργον = Werk, Wirken). Er hatte einen ungewöhnlichen Bildungsweg hinter sich, war nur wenig zur Schule gegangen, hatte aber bereits im Alter von 14 Jahren die *Principia* von Isaak Newton gelesen und auch damit sein Genie als Mathematiker und Naturwissenschaftler gefördert. William Rankine gehört zu den herausragenden ersten Wissenschaftlern, die sich um das Gebiet der Energie verdient gemacht haben, besonders weil er die Thermodynamik als Teilgebiet der klassischen Physik begründete. Außerdem lieferte er wesentliche Beiträge zur Theorie der Dampfmaschine, mit deren Hilfe die Welt in Windeseile verändert wurde.

Energie kann in verschiedenen Formen vorkommen. Durch seine aktuelle Situation verfügt ein physikalisches System über die sogenannte *potentielle* Energie (die gespannte Feder), während ein Objekt aufgrund seiner Bewegung *kinetische* Energie enthält. Hinzu kommen die *chemische* Energie (in einem Energieträger gespeichert, bis sie, durch chemische Reaktion, freigesetzt wird) und die *thermische* Energie (Wärme). Man kann Energie zwar von der einen in eine andere Form umwandeln, aber ihre Erzeugung oder Vernichtung ist in einem geschlossenen System nicht möglich. Wird ein Raum durch einen befeuerten Ofen erwärmt, beruht das auf einer Umwandlung der im Brennstoff gespeicherten Energie: Es wird verwendet und in eine andere Form überführt, was (im Holz z.B.) als Energie vorhanden und gespeichert ist. Mit Hilfe von Wärmeenergie kann Wasser zu Dampf verwandelt werden, mit dem Turbinen angetrieben werden können. Die industrielle Arbeit wird möglich.

Mit der gezielten und bewußten Nutzung von Energie nehmen wir Menschen direkten Einfluß auf die Welt. Durch unsere Kenntnisse können wir ständig mehr Energie für beliebige Zwecke nutzen, als es unserem natürlichen Bedarf entspricht. Wir Menschen sind die einzigen Lebewesen, die Energie auch zum puren Vergnügen nutzen. Auch das begründet den hohen durchschnittlichen Energiebedarf von 12.000 Watt pro Mensch und Jahr. Dafür greifen wir auch auf Vorräte zurück, die nicht erneuerbar sind. Der Anteil fossiler Brennstoffe an der gegenwärtigen Energieerzeugung liegt global betrachtet bei rund 80 Prozent. Die Vorräte an Kohle, Öl und Erdgas, in Jahrmillionen entstanden, sind aber begrenzt. Es ist abzusehen, daß sich deswegen schon bald Engpässe ergeben, die unsere gegenwärtige Lebensart und Zivilisation ziemlich durcheinanderbringen werden. Aber vielleicht führen uns die mutmaßlich bevorstehenden Krisen (und Kriege) auf ein ursprüngliches, ausgewogenes Verwenden von Energie zurück?

Lebenskraft und Vitalität

Aus der Wahrnehmung unserer selbst können wir folgern, wie das Vorhandensein von Energie bzw. der Mangel an Energie wirken. Ein ausgeglichener Energiehaushalt vermittelt uns ein körperliches Wohlgefühl. Wir fühlen uns leistungsfähig und sind darum in der Lage, die Arbeit an gestellten Aufgaben entschlossen anzugehen. Wir leben in solchen Momenten im Bewußtsein und Vertrauen in unsere körperliche und mentale Kraft. Das hat seine Ursache in der Verfügbarkeit von ausreichend Energie in unserem Leib, wobei jede Arbeit, die wir leisten, den Vorrat schmälert und das Bedürfnis nährt, den Verbrauch durch neue Zufuhr zu ersetzen. Zur Erzeugung einer Nahrungskalorie verbrauchen wir zwölf Energiekalorien!

Ausreichend vorhandene Energie verbindet uns mit Welt und Leben. Energiemangel löst uns aus dieser Verbindung heraus und nährt das Bedürfnis, erneut Energie aufzunehmen – was wiederum mit der Welt verbindet. Diese Abfolge von Verbindung, Separation und erneuter Verbindung ereignet sich in einem Energiefluß, dem wir unsere Existenz verdanken.

Die Erfahrung der Vitalität am eigenen Leib klärt darüber auf, wie es sich überhaupt in der Lebewesenwelt mit der Energie verhält. Jedes Lebewesen und jedes System existiert in einem Energiehaushalt. Daß dieser ausgewogen und nachhaltig verwaltet wird, entscheidet über die Lebensbedingungen und den Fortbestand einer Art. Die Begriffe Energiehaushalt und Energiebilanz sind in unserer heutigen Zeit zu den wichtigsten überhaupt geworden. Sie spielen in vielen verschiedenen Bereichen eine Rolle, weil sie zum zeitnotwendigen Nach- und Umdenken anregen.

Der Energiehaushalt unserer Erde wird vor allem durch die Einstrahlung der Sonne und die Ausstrahlung der Erde bestimmt. Der Albedo („Weißheit"; v. lat. *albus* „weiß"), das Maß für die Rückstrahlungsfähigkeit der Erde, ist in der Meteorologie wichtig, weil durch ihn dargestellt werden kann, wie die globalen Temperaturverhältnisse beschaffen sind und wie sie sich verändern. Während die effektive Temperatur in der Atmosphäre der Erde bei minus 27 °C liegt, beträgt sie, auch infolge des von Menschen erzeugten globalen Treibhauseffekts, in Bodennähe bereits 15 °C. Wir haben in der Menschheitsgeschichte zunehmend ein globales Fieber geschürt, das sich unübersehbar und gefährlich als Symptom des globalen Klimawandels eingestellt hat.

Angesichts der eklatanten Probleme, die wir mit der Ökologie der Erde bereits haben, ist nachhaltiges Verhalten nicht einfach nur schön, sondern ein unbedingtes Muß! Für Sentimentalitäten ist keine Zeit mehr zu vergeuden. Und es ist ganz einfach, mit der notwendigen Therapie zu beginnen. Die Bedeutung und Wirkung des ökologischen Gleichgewichts ist uns aus eigenem Erleben im Kleinen und durch den Blick auf die Erde im Großen wohl bewußt: Wir wissen, wovon die Vitalität abhängig ist, in der alle Energiehaushalte miteinander verknüpft sind.

Idealerweise werden Input und Output beim Umgang mit Energie übereinstimmen. Bezüglich der Effizienz eines Kraftwerks spricht man vom „EROEI“ (Energy Returned on Energy Invested), wobei die Effizienz hier in einer Kennziffer wiedergegeben wird, die sich eigentlich auf die Rentabilität bezieht. Diese Rentabilität, die möglichst optimale Verwertung von Energie in Leistungsprozessen, besagt, daß der Hereingabe von Energie ein mindestens ebenso großer direkter Ertrag zuzuordnen sein sollte. In den Prozessen der Energieverwertung soll so wenig wie möglich verpuffen, wobei gleichzeitig möglichst große Leistungen vollbracht werden. Das galt bereits für den Menschen der Steinzeit. Die beim Herstellen des Steinbeils aufgewendete Energie stand in einem mutmaßlich günstigen Verhältnis zum Einspareffekt bei der späteren Verwendung des Werkzeugs. Am Beispiel einer Glühbirne wird für unsere Jetztzeit offensichtlich, was gemeint ist. Zuerst wurden Glühbirnen produziert und verwendet, die viel Wärme und wenig Licht abstrahlten. Unter Gesichtspunkten der Nachhaltigkeit kein gutes Resultat, denn der EROEI verdeutlicht eine schlechte Bilanz! Heutzutage können LED-Lampen verwendet werden, bei denen es sich umgekehrt verhält: Sie strahlen viel Licht aus und fast gar keine Wärme mehr ab. Warum werden sie nicht noch viel mehr verwendet? Ist unsere unmittelbare Erfahrung von nachhaltigem Verhalten inzwischen weiter von den Lebenswirklichkeiten entfernt, als es für die Menschen vor Jahrtausenden noch war?

John Rogers, ein mit mir befreundeter Aktivist, spricht betont von “Sustain Ability” (our ability to sustain), wenn er von Nachhaltigkeit redet. Er will damit verdeutlichen, daß es besondere Fähigkeiten sind, die uns vernünftig und ökologisch-sinnvoll handeln lassen. Die müssen aber erst erkannt und trainiert werden. Die Entwicklungen der vergangenen Jahrzehnte und Jahrhunderte haben viele Bequemlichkeiten gebracht. Die Fremdversorgung dominiert mittlerweile nahezu alle Bedarfsbereiche. Dadurch sind die Werde- und Produktionsprozesse unserer Wahrnehmung und Kenntnis aber immer weiter entrückt worden. Die eigene Erzeugung von Bedarfsgütern haben wir bereits fast vollständig verlernt. In dieser Entwicklung sind die Fähigkeiten für nachhaltiges Verhalten, die sehr mit Kenntnis und Einsicht zu tun haben, verkümmert. Wir haben es verlernt, unseren Bedarf im Einklang mit der Natur zu sehen und zu befriedigen. Das Ergebnis stinkt vielerorts zum Himmel.

Veränderung und Ausbeutung nachhaltiger Energiehaushalte in natürlichen Systemen

©gemeinfrei Unbekannt / Ausschnitt

Ernst Haeckel

Wenn der Energiefluß für ein Lebewesen oder ein System optimal ist, kann man ihn aus heutiger Sicht ökologisch nennen. Der Begriff *Ökologie* bezeichnete ursprünglich einen Teilbereich der Biologie, später auch der Geologie. Ernst Haeckel hatte den Begriff 1866 erstmals definiert. Ein Sinnbild für ökologische Ausgewogenheit ist z.B. ein gesunder Wald, in dem die Pflanzen die von ihnen benötigte Energie als Strahlungsenergie und die Tiere ihre Energie durch die Nahrung als organisch gebundene Energie aufnehmen. Beide Aufnahme- und Verwertungswege sind darin so miteinander verwoben, daß sie sich gegenseitig stützen und fördern. Das ökologische Gleichgewicht ist ausgewogen, solange alles so bleiben kann, wie es von Natur aus ist. Heutzutage wissen wir, daß selbst kleine Veränderungen das ökologische Gleichgewicht empfindlich stören können. Dadurch hervorgerufene Schäden können irreversibel sein.

Der Begriff *Nachhaltigkeit* stammt ursprünglich aus der Forstwirtschaft. Es sollte nur so viel Holz aus einem Wald entnommen werden, wie in einem vertretbaren Zeitraum auch nachwachsen kann. Dem gesunden Menschenverstand ist sofort klar, warum das so wichtig ist. Aber wir alle wissen, wie gegen dieses Gebot gehandelt wird. Der Umgang mit den Wäldern steht als Beispiel dafür, wie sehr wir die Welt mit ihren eigentlich großartigen Möglichkeiten überfordern.

Allein in Deutschland werden alljährlich 50 Millionen Festmeter Wald geschlagen. Weil man die langen Wachstumsphasen von Buchen und Eichen umgehen will, sind mittlerweile 32 Prozent der deutschen

Waldfläche, die zu 95 Prozent forstwirtschaftlich genutzt wird, mit Fichten bestellt, die bereits nach 80 Jahren gefällt werden. Der Ertrag aus solchen Monokulturen aus Fichten liegt mit 300 Euro pro Hektar etwa sechsmal höher als bei einem Buchenbestand. Echte Urwälder, also Flächen, die einfach nur da sein dürfen, gibt es in Deutschland kaum noch und weltweit immer weniger.

Ein gesunder Wald ist ein einzigartiger Lebensraum. In diesem Mesokosmos sorgen in jedem Hektar Boden 25 Tonnen Mikroorganismen für die Umwandlung von Materie in Energie. Überirdisch sind an den Zersetzungsprozessen bis zu 400 Pilz- und 1.000 Insektenarten beteiligt. Hochkomplexe Lebenssysteme sind in der Welt des Waldes zu finden, in denen alles harmonisch und optimal aufeinander abgestimmt zusammenlebt. In einem einzigen Ameisenhügel beispielsweise leben und arbeiten 200.000 bis 2 Millionen Tiere zusammen.

In unserem Leben kommt viel Wald vor. Wenn Sie sich jetzt umsehen, werden Sie in Ihrer unmittelbaren Umgebung vieles von dem entdecken, was aus dem Wald stammt: Tische, Stühle, Fenster- und Türrahmen, aber auch Papier für viele Verwendungszwecke. Das in alldem verarbeitete Holz stammt (in Deutschland) zu 50 Prozent aus nachhaltiger Waldwirtschaft. 13 Prozent kommen allerdings aus illegalen Einschlägen. Bei durchschnittlich 240 Kilogramm Papierverbrauch pro Deutschem und Jahr eine nicht kleine Menge, zumal die illegal gewonnene Zellulose vor allem zu Toilettenpapier und Taschentüchern verarbeitet wird. Aber nicht nur die direkte Verarbeitung von Holz geht in die Verbrauchswerte ein, sondern auch Rodungen für immer mehr benötigtes Ackerland, das in zunehmendem Maße für den Sojaanbau, also für Viehfutter verwendet wird. Zum Vergleich: Die Erzeugung von Fleisch benötigt zwanzigmal soviel Ackerfläche wie der Anbau von Kartoffeln!

Das Hauptaugenmerk der Forscher ist bezüglich des Waldes inzwischen auch noch auf etwas anderes gerichtet. Nicht nur der Rohstoff Holz macht den Wald so interessant, sondern seine systemisch optimale Funktion in der Umwandlung von Materie in Energie. Das großartige Zusammenspiel vieler Organismen bewirkt, was de facto zu einer neuen Energiequelle führen könnte.

Als Ersatz fossiler Brennstoffe kommt auch das Bioethanol in Frage. Jener Stoff, der den Kraftstoffen zum Betrieb unserer Autos bereits beigemischt wird, der aber auch in speziellen Motoren alleiniger Brennstoff sein kann. Bioethanol kann entweder aus biologisch abbaubaren Anteilen von Abfällen oder schlicht aus Lebensmitteln (Weizen, Mais, Zuckerrohr etc.) hergestellt werden. Dabei geht es um eine Fermentation aus Zucker, wie dies auch bei der Produktion herkömmlichen Alkohols der Fall ist. In diesem Prozeß sind Mikroorganismen am Werk, die ihre Arbeit außerordentlich präzise verrichten. Und hier kommt der Mesokosmos Wald erneut ins Spiel.

Die für die Stabilität der Pflanzen verantwortliche Zellulose läßt sich mit den bisher bekannten Verfahren nur sehr langsam zersetzen. Diese Arbeit wird von Mikroorganismen erledigt, die das Tempo, das für die Rentabilität der Prozesse bei der Produktion von Bioethanol erforderlich ist, nicht gewohnt sind. Im Waldboden darf alles bedeutend langsamer vonstatten gehen. Hinzu kommt, daß eine bestimmte Zuckerart (C5-Zucker), die für die Spritproduktion von besonderem Interesse ist, bei den Mikroorganismen erst einmal nicht sonderlich beliebt ist. Was tun? Zunächst einmal erforschen, wo sich für die Fabriken der Zukunft möglichst geeignete Mikroorganismen finden, und dann damit beginnen, sie in ihrer natürlichen Leistungskraft zu manipulieren und an die Gewinnerwartungen der Shareholder anzupassen.

An dieser Aufgabe wird u.a. auch an der TU München mit Hochdruck gearbeitet. Die Forscher haben entdeckt, daß bestimmte Mikroben über 70 verschiedene Enzyme wahlweise zur Verfügung haben, um jede beliebige Zellulose bestmöglich verarbeiten zu können. Im Labor sucht man nun Wege, um dieses großartige Portfolio erstaunlicher Möglichkeiten industriell dienstbar zu machen. Ein beteiligter Doktorand findet Worte der Begeisterung:

„Jetzt optimieren wir die effektivsten Kombis für die industrielle Anwendung. Letztlich möchten wir für jeden zellulosehaltigen Pflanzenreststoff ein individuelles Abbau-Werkzeug entwickeln. Mit ein bißchen Glück finden wir die perfekten Enzym-Mischungen, die dann in Bioethanol-Anlagen etabliert werden können." (Pressemitteilung der *TU* München, portal.mytum.de)

Sind es *nur* Mikroben, um die es geht? Welche Denkart liegt dem manipulativen Handeln zugrunde, und wann wird diese Denkart auch vor dem Menschen selbst nicht mehr haltmachen?

„Aus dem Erbmaterial der Hefe läßt sich ablesen, daß diese früher einmal in der Lage war, C5-Zucker zu verwerten. Sie hat diese Eigenschaft allerdings im Laufe ihrer Evolution wieder verloren. Mit Hilfe moderner biologischer Verfahren gelang es nun jedoch, den Hefezellen diese Eigenschaft wieder zu verleihen bzw. sie sogar deutlich zu verbessern. (...) Auch die Hefezellen besitzen von Natur aus Erbmaterial, das sie im Laufe ihrer Entwicklung von anderen Organismen erworben haben. Im Falle der C5-Zucker vergärenden Hefen konnte dieser Prozeß nun in einer deutlich verkürzten Zeit nachgestellt werden. Dabei sind Hefezellen entstanden, die sowohl C6- als auch C5-Zucker vergären können. (...) Den Hefen wurden

einfach die entsprechenden Gene aus P. stipitis eingesetzt. Dadurch konnten sie die Xylose zwar nutzen und auch in Ethanol umwandeln, stauten jedoch signifikante Mengen des Nebenproduktes Xylitol an, welches die Ethanolausbeuten deutlich verringerte. (...) Im Falle des C5-Zuckers Arabinose stellte sich der häufig in Pilzen zu findende 5-stufige Abbauweg in den Saccharomyces-Hefen als wenig geeignet heraus. Dagegen konnte meine eigene Arbeitsgruppe erfolgreich einen 3-stufigen Stoffwechselweg etablieren, der sonst nur in Bakterien zu finden ist. Integrierte man diesen Stoffwechselweg in die Hefen und zwang sie dann mehrere Monate lang, Arabinose als einzige Energiequelle zu nutzen, dann entwickelten sich tatsächlich Hefestämme, die neben der Glucose auch Arabinose vergären konnten." (Prof. Dr. Eckhard Boles: *Lignocellulose Ethanol – der Kraftstoff der nahen Zukunft, pentalco.de)*

Wirkt „guter" Strom Wunder?

© gemeinfrei Unbekannt / Ausschnitt

William Harvey

Nachdem der englische Anatom William Harvey 1628 seine Schrift *Exercitatio Anatomica de Motu Cordis et Sanguinis in Animalibu* veröffentlicht hatte, in der er die Funktion des menschlichen Herzens und den Kreislauf des Blutes beschrieb, begann ein neues Kapitel der Weltgeschichte. Jetzt begann man zu erkennen, daß tatsächlich alles idealerweise in allgegenwärtigen Kreisläufen fließt. Zum Zauberwort der folgenden Jahrhunderte wurde „Strom", weil es einfach alles auf den Punkt bringt, was das Leben charakterisiert: Blutstrom, Warenstrom, Datenstrom, Gezeitenstrom, Lavastrom, Geldstrom. Was strömt, lebt. Und wer das Strömen beherrscht, beherrscht das Leben.

Daß sich Maschinen mit körperfremden Kräften betreiben lassen, wußten die Menschen schon lange, bevor es möglich wurde, eine geheimnisvolle Kraft dafür dienstbar zu machen, von der bereits Thales von Milet im 6. Jahrhundert vor Christus einen Eindruck bekam. Er hatte entdeckt, daß Bernstein (ἤλεκτρον = griechisch „Elektron") leichte Körper anziehen kann, wenn er vorher mit Tüchern gerieben wurde. Im 19. Jahrhundert hatte Werner von Siemens eine Maschine zur Zündung von Sprengladungen erfunden, die wie ein Dynamo am Fahrrad funktionierte: Elektrische Energie konnte so ohne vorherige Zufuhr von Elektrizität erzeugt werden. Wenige Jahre später zeichnete sich durch die Entdeckungen und Erfindungen von Thomas Alva Edison (Gleichstrom) und George Westinghouse (Wechselstrom) die heutige Nutzung der Elektrizität ab. Von jetzt an konnte es auf Knopfdruck in der Dunkelheit hell werden!

Elektrizität ist die Schlüsselenergie in der von uns Menschen gestalteten Welt. In geschlossenen Kreisläufen vermag die Kraft zu strömen wie das Blut in den Adern von Lebewesen, um einfach alles Denkbare anzutreiben. Strom macht's möglich! Heute ist niemand und nichts ohne Verbrauch elektrischer Energie. Direkt und indirekt ist unser aller Leben mit jenem Netz verdrahtet, um das vor etwas mehr als hundert Jahren schon erbittert gekämpft wurde. Während der Energieverbrauch pro Kopf bis zur industriellen Revolution, also in der noch vorelektrischen Zeit, nahezu konstant geblieben war, stieg er mit der Technisierung und Maschinisierung bis heute steil an. Den zunehmenden Möglichkeiten der Produktion folgten Konsumsteigerungen auf dem Fuße.

„Die International Energy Agency (IEA) nennt als Bedarf an Strom für Deutschland jährlich 525.804 GWh (Gigawattstunden). 1 GWh entspricht 1 Million kWh. Der Gesamtbedarf pro Jahr liegt in Deutschland also ca. bei 525 Mrd. kWh (=525 Terawattstunden TWh). Wohlgemerkt: allein für Deutschland! In der Europäischen Union liegt der jährliche Verbrauch etwa bei 2.822 Mrd. Kilowattstunden. Damit ist die EU Spitzenreiter, gleich hinter den USA (3.717 Mrd. kWh) und knapp vor China (2.494 Mrd. kWh). Der Stromverbrauch der Welt liegt insgesamt bei 16.330 Mrd. Kilowattstunden pro Jahr. Hier noch einmal als Zahl: 16.330.000.000.000 Kilowattstunden Strom verbraucht die Welt jährlich. Ein Wahnsinn, wenn man bedenkt, daß es Strom für zivile Nutzung erst seit knapp 130 Jahren gibt." (strom.idealo.de)

Während es in der Frühzeit der Nutzung der Elektrizität meist nur um schlichte Glühbirnen ging, werden heutzutage in manchen Haushalten bis zu ca. 30 elektrisch betriebene Geräte genutzt. Wenn die Entwicklung des Energieverbrauchs so weitergeht, würden in den nächsten Jahren weitere, zusätzliche Kraftwerke mit einer Gesamtleistung von zusammen 280 GWh benötigt. Das ist eine riesige Zahl, besonders wenn man bedenkt, daß bei besonnener Verwendung nur weniger als 10 Prozent Leistungssteigerung (20 GWh) nötig wären.

Um den gewaltigen Energiehunger befriedigen zu können, werden die Möglichkeiten zur Nutzung erneuerbarer Energien (derzeit ein Anteil von etwa 20 Prozent) immer weiter erforscht. Sonne, Wind, Wasser, Wärme – alles strömt von sich aus und kann zum Antrieb von Turbinen zur Erzeugung elektrischer Energie verwendet werden. Dann würde zwar die Atmosphäre mit weniger Treibhausgasen belastet, aber zugleich die Illusion bestärkt, der zufolge alles bedenkenlos in unbegrenztem Umfang konsumiert werden könnte, was sich nur denken läßt: Einem bereits stark übergewichtigen, schwerkranken Menschen würde Buttercremetorte serviert, deren Zutaten aus dem Bioanbau stammen.

Intelligente Systeme

Die Versorgung mit Energie wird in Zukunft mehr als in früheren Zeiten auf einer optimalen Verbindung von Erzeugung und Verteilung basieren müssen. Gerade die Erzeugung erneuerbarer Energien ist von geeigneten Standorten abhängig. An der Nordsee lassen sich die Gezeiten nutzen, in Wüstenregionen die Sonnenenergie. Als Grundkonzept für die vernetzte Distribution wird an Ideen für Energyclouds gearbeitet. Dabei geht man ähnlich vor wie beim Cloud Computing (in dem mehrere Einzelrechner zusammengeschlossen werden, um größere Leistungskapazitäten zu ermöglichen).

Thomas Boone Pickens

Der US-amerikanische Milliardär Thomas Boone Pickens hat für sich die Energyclouds als lohnende Investitionsgelegenheit entdeckt. In Fernseh- und Internetkampagnen bewirbt er das neue Konzept und verspricht, mittelfristig 38 Prozent der Ölimporte in die Vereinigten Staaten zu ersetzen. Sein westtexanischer Windpark hat bereits jetzt solche Dimensionen angenommen, daß damit zwei bis drei Atomreaktoren ersetzt werden könnten. Als Energiespezialist hat er seine Milliarden zwar mit

Öl gemacht, aber die Zeiten des Schwarzen Goldes gehen allmählich ihrem Ende entgegen.

Das eigentliche Ziel der neuen Energiemultis besteht in einer weltweiten Vernetzung der Lieferwege für Elektrizität. Darin sind nicht nur Multis als Lieferanten für kleinere oder größere Endkunden aktiv, sondern prinzipiell jeder Haushalt kann „Peer-to-Peer" eingebunden werden. Dafür ist eine Energieinformatik notwendig, an der bereits von geeigneten Joint Ventures gearbeitet wird, in denen neben den klassischen Energieerzeugern auch Forschungseinrichtungen für Künstliche Intelligenz zusammenarbeiten. Gedacht ist an die Vernetzung von 100 Prosumern (Erzeuger, die zugleich Verbraucher sind) in sogenannten „Smart Grids" (klugen Gittern), in denen sich die Verteilung der Energie mindestens ansatzweise wie in lebenden Organismen ereignen kann.

„Erst die intelligente Verknüpfung von Smart Home, Smart Grid und Smart Markets schafft den notwendigen Durchbruch für eine intelligente Energieverteilung auf allen Ebenen und bietet genügend Anreize für alle Teilnehmer. Durch die Aufteilung des Netzes in Zellstrukturen auf der Ebene von smarten Micro Grids, die die Balance der erzeugten und der verbrauchten Energie intelligent verteilt, wird eine Betriebs- und Versorgungssicherheit für dezentrale Strukturen möglich. Dabei ist die vollständige Integration von allen Systemkomponenten entscheidend für den Erfolg." (scc.kit.edu)

Denkbar ist also ein künstlich geschaffener organismischer Zusammenhang, in den sich einzelne Haushalte als Prosumer eingebunden finden. Dabei geht es eben nicht nur um Leitungsnetze der bekannten Art, sondern um „intelligente" Systeme, die nicht nur für die verbrauchsgerechte Lieferung gemacht sind, sondern zur direkten vorherigen Ermittlung des Bedarfs aufgrund der Verarbeitung von Daten aus dem ganz realen persönlichen Leben der beteiligten Menschen. Wer in Zukunft die Lieferwege für Elektrizität beherrscht, beherrscht mit Sicherheit zugleich auch noch sehr viel mehr.

Energie um uns und in uns

Fettsäuren, Glyzerin, Aminosäuren und Zuckermoleküle sind das Ergebnis der Verdauung von Nahrung in unserem Leib. Während die Aminosäuren als Baumaterial z.B. für Zellwände verwendet werden, dienen die Zuckermoleküle und Fettsäuren den Körperzellen in deren Stoffwechsel zur Energieproduktion. Diese Energie ist der Stoff, den unser Körper für seinen Betrieb benötigt. Dafür verfügt er über die Fähigkeit, Kohlenhydrate, Fette und Proteine umzuwandeln. In einem Kalorimeter können im Labor Nahrungsmittel verbrannt werden, um herauszufinden, wieviel Wärmeenergie (früher „Kalorien", heute „Joule") in ihnen steckt.

Dieser wunderbare Prozeß der Umwandlung von Nahrung in Energie im Stoffwechsel unserer Körperzellen liefert die Grundlage für den Grundbetrieb unseres Körpers und für alle körperlichen und geistigen Leistungen, die wir bewußt oder unbewußt vollbringen. Aus beiden Faktoren, dem Grundumsatz und dem Leistungsumsatz, ergibt sich also der Gesamtbedarf. Zum Bewußtsein kommt uns dieser Bedarf in der Erfahrung von Hunger und Durst. Sie verbinden uns mit der Welt, weil wir der Nahrung aus ihr bedürfen. Dabei spielt nicht nur die Menge, sondern auch die Qualität der Nahrung eine entscheidende Rolle. Ein ganzer Beutel Marshmallows kann zwar das Bedürfnis nach Nahrung stoppen (weil einem davon schnell speiübel wird), aber eine Schale Müsli in puncto Nährwert nicht ersetzen. An künstlichen Nahrungsmitteln mit hohen Nährwerten arbeitet man bereits. Dieses Kunstessen wird nicht nur für Raum- und Intensivstationen entwickelt und produziert, sondern vornehmlich für Menschen, die sich mangels Geld keine *richtigen* Nahrungsmittel leisten können. Aber das prinzipiell Mögliche deutet noch auf etwas ganz anderes hin.

Schon immer ist bekannt, daß verschiedene Menschen Nahrung sehr unterschiedlich verwerten. Der eine Mensch braucht mehr als ein anderer. Der eine nimmt bereits zu, wenn er nur ins Schaufenster einer Konditorei staunt, während ein anderer Mensch essen kann, was und soviel er will, ohne daß sein Bodymassindex aus dem Ruder läuft. Und dann gibt es offenbar sogar solche Menschen, die mit fast gar keiner Nahrung am Leben bleiben, die sich als geübte Asketen nur noch von der geweihten Hostie oder von Licht ernähren. Will man das nicht gleich als Humbug von der Hand weisen, bleibt die Frage, wie das denn wohl überhaupt möglich sein könnte. Die Grenzen der bisher gewohnten Naturwissenschaft wären gesprengt.

Materie ist etwas anderes als Energie, aber sie ermöglicht es, daß in Prozessen der Verarbeitung und Verdauung Energie freigesetzt und verfügbar gemacht werden kann. Auf dieser Tatsache beruht alles Leben auf Erden und im uns bisher bekannten Teil des Kosmos. Dabei brauchen wir uns Materie nicht als gleich große Verpackung für eine entsprechende Energiemenge vorzustellen. Mit relativ wenig Materie kann außerordentlich viel Energie verfügbar gemacht werden. Das beste, traurige Beispiel dafür lieferte die Zündung der ersten Atombombe im Juli 1945 in der Wüste von Nevada. Albert Einsteins Formel $E=mc^2$ (die Masse eines Körpers multipliziert mit der Lichtgeschwindigkeit im Quadrat ergibt dessen Energie) schien in einem gewaltigen Lichtblitz und bis dahin unbekannter Sprengkraft bestätigt worden zu sein.

Materie kann mutmaßlich in Energie umgewandelt werden. Oder doch nicht? Macht Materie möglicherweise Energie zugänglich, ohne sie jemals selbst zu sein? Was Energie eigentlich ist, entzieht sich der Kenntnis immer mehr, je weiter die Forschung getrieben wird. Erkannt und beschrieben wird meistens nur, was man vorher erwartet hat. Hans-Peter Dürr [siehe Seite 47] beschrieb dieses Dilemma einmal mit dem Bild vom Fischer, der nach einigen Jahren zu der grundsätzlichen Überzeugung gelangt war, daß Fische immer mindestens fünf Zentimeter groß sind. Den Hinweis darauf, daß die Weite der Maschen seines Netzes alle kleineren Fische durchlassen würde, ignorierte der Fischer.

Wenn heute davon ausgegangen wird, daß das Universum zu 73 Prozent mit einer Energie ausgefüllt ist, deren Einflüsse und Wirkungen wir zwar zu ahnen beginnen, die wir aber darum noch lange nicht verstanden haben, ist hinlänglich klar, wie anfänglich unsere Vorstellungen von Energie überhaupt erst sind. Kann es sein, daß unsere ganze sichtbare, bekannte Welt aus einer bestimmten Energie, vielleicht aus Licht hervorgegangen ist? 1997 ist es zwanzig Wissenschaftlern am Linearbeschleuniger in Stanford, Kalifornien, erstmals gelungen, reines Licht in Materie umzuwandeln. Bis vor wenigen Jahren noch konnte man eine solche Idee getrost als Spinnerei abtun. Heute können wir darin den Anlaß dafür finden, grundsätzlich umzudenken, was ganz allgemein das Wesen und die Nutzung von Energie betrifft.

Wissen von Welt und Mensch: Information

Unsere Welt ist enorm vielfältig. Was uns an irgendeinem Ort umgibt, ist darin nur ein winzig kleiner Ausschnitt des großen Ganzen. Und selbst in diesem kleinen Ausschnitt ist jedes Detail wiederum in sich so lebendig und vielfältig, als würde es sich um einen eigenen kleinen Kosmos handeln. In einem Wald kann bereits eine kleine Lichtung vielfältige Wunder offenbaren, wenn wir uns ihnen mit Aufmerksamkeit zuwenden. Aus dem Gesamteindruck einer Landschaft oder eines Lebewesens erschließen sich im Detail immer mehr bewundernswerte Zusammenhänge und Phänomene. Es ist sogar so, daß vieles davon, auch ohne daß wir es bemerken, unser Bewußtsein erreicht – und wirkt. Eine ganze Flut von Eindrücken erreicht durch unsere Wahrnehmung unser Nervensystem, allein durch das Auge sekündlich eine Datenmenge im Umfang von 10 Gigabyte (zum Vergleich: Die Textmenge dieses Kapitels entspricht einem Umfang von etwa 20 Kilobyte). Übrigens machen wir durch unseren Sehsinn insgesamt etwa 80 Prozent aller unserer Wahrnehmungen, wofür wir in unseren Augen über 60 verschiedene Typen an Sinnesnerven verfügen!

Codierung und Decodierung von Informationen

Wenn wir heutzutage auf der Basis der vorherrschenden Naturwissenschaft über Lebewesen reden, treten Merkmale ihrer äußeren Erscheinung allerdings immer mehr in den Hintergrund. Seit dem Übergang vom 18. zum 19. Jahrhundert hat sich der Ausgangspunkt der Betrachtung vom naturalistischen Erfassen von Gestalten und Lebensphänomenen immer mehr zu einem experimentellen verschoben: Ein existentielles Verstehen von Funktionen verdrängt immer mehr das essentielle Erleben. In der Konsequenz bedeutet das z.B. auf dem Gebiet der Medizin, daß ursprüngliche Krankheitsbilder in immer mehr Feinbegriffe aufgelöst werden, bis Krankheiten nur noch in genetischen und epigenetischen Codes definiert werden. Dem liegen u.a. auch Fortschritte im Bereich der Gewinnung und Verarbeitung von Informationen zugrunde, die den Rahmen des noch im vergangenen Jahrhundert Vorstellbaren sprengen.

In bezug auf unser Verständnis von Welt und Leben ist die Information mittlerweile als eigener Bereich der Wirklichkeit zur Materie und Energie hinzugetreten. Ohne einen Gesamtblick auf diese ontologische Dreiheit ist Leben nicht (mehr) verständlich. Sie gehören als einheitlich wirksame Dreiheit zum Leben – wie Wurzel, Stamm und Krone zum Baum. Was aber sind Informationen eigentlich, und wie werden sie technisch speicherbar?

Eine Kerze kann entweder an oder aus sein, weshalb man damit zwei Zeichen übermitteln kann. Stellen Sie sich vor, die brennende Kerze würde Ja bedeuten, die ausgelöschte Kerze Nein. Diese beiden Aussagen ließen sich demnach über eine größere Entfernung in Sichtweite optisch übermitteln. Wenn Sie nun statt der einen acht Kerzen hätten, ergäbe sich eine Zeichenmenge, die wesentlich größer ist als acht mal zwei, denn es sind mit den acht Kerzen untereinander viele weitere Kombinationen möglich.

Wenn Sie anstelle der einen brennenden oder nichtbrennenden Kerze entweder Eins oder Null schreiben, kommen Sie zur Maßeinheit für einen Informationsgehalt, der sich, in technischer Anwendung, auch durch den Fluß oder Nichtfluß von Elektrizität darstellen läßt. Diese der einen Kerze entsprechende Maßeinheit nennt man Bit und die den acht Kerzen entsprechende Maßeinheit Byte. Sie bilden die Grundlage für die elektronische Verarbeitung von Daten. Der amerikanische Mathematiker, Elektrotechniker und Begründer der Informationstheorie Claude Elwood Shannon verwendete die Bezeichnung Bit 1948 in seiner Abhandlung *A Mathematical Theory of Communication* zum ersten Mal und führte ihn so in die Fachwelt ein. Aber: Was ist eigentlich eine Information?

Claude Elwood Shannon

In diesem Augenblick sehen Sie auf Worte, die in eine ganze Menge Zeichen (Buchstaben) aufgelöst werden können, die nach bestimmten Regeln zusammengesetzt sind. Da Sie lesen können, sind Sie in der Lage, die Worte zu verstehen und die Gedanken zu erfassen, die mit ihnen übermittelt werden. Daten bilden die Grundlage für Informationen, die schließlich – erkannt, gedeutet und in geeignete Zusammenhänge gebracht – zu Wissen werden.

Die menschliche Sprache bietet eine Möglichkeit, Informationen zu übermitteln. Das ist möglich, weil Menschen untereinander Sprache verstehen können. Gesprochene Worte können auch geschrieben werden, aufgrund eines Alphabets von Buchstaben, ähnlich wie eine Reihe von Nullen und Einsen in der elektronischen Verarbeitung von Daten. In jedem Fall wird ein bestimmter Inhalt in einem Code dargestellt, den die an der Kommunikation Beteiligten beherrschen und durch den diese in die Lage versetzt sind, die Information empfangen, deuten und verstehen zu können.

Der Text, den Sie jetzt gerade lesen, ist in der deutschen Sprache verfaßt, durch Buchstaben eines Alphabets in Anwendung orthographischer Regeln in Worten und Sätzen dargestellt, in Verfahren der elektronischen Datenverarbeitung binär in Nullen und Einsen umgewandelt und schließlich gedruckt worden. Nun lesen Sie, was nicht nur bedeutet, daß Sie die übermittelten Informationen decodieren, sondern daß Sie sie zugleich auch interpretieren und so zu Wissen machen. Und auch in der Welt kann wie in einem Buch gelesen werden.

Unsere Welt ist ein riesiger Datenspeicher

Informationen werden erst durch Interpretation zu Wissen. Eine Menge an Steinen kann so sortiert sein, daß sie Böden, Wände und Decken bildet, die zusammen ein Haus sind. Das Haus, in dem Sie sich vielleicht gerade befinden, ist ebenso ein Informationsspeicher wie das Buch, in dem Sie jetzt lesen. Sogar Sie selbst sind ein Informationsspeicher – nicht nur mit Ihrem Gehirn, sondern mit Ihrem ganzen Leib. Alles Seiende speichert Informationen. Wenn man die Welt so sieht, ist sie selbst der größte Datenspeicher, den man sich nur vorstellen kann.

Die meisten Menschen stellen sich als Datenspeicher erst einmal Maschinen vor, in denen sich elektronisch gespeicherte Daten befinden. Es gibt zur Unterbringung solcher Maschinen riesige Hallen, sogenannte Serverfarmen, in denen mehrere Server zusammen und vernetzt betrieben werden. Die Firma Google betreibt Schätzungen zufolge allein etwa 1 Million der weltweit 33 Millionen vorhandenen Server. Wenn man die eigentlich geheimen Standorte der Serverfarmen von Google auf der Landkarte sucht, wird man an den Stellen fündig, an denen die meiste Elektrizität verfügbar ist! Aber der allergrößte Datenspeicher ist eben nicht von Menschen gemacht, es ist die Natur selbst!

Das ganze Wunder der Lebewesenwelt beruht auf der gewaltigen Speicherung unvorstellbarer Datenmengen. In dieser Welt navigieren auch wir als menschliche Wesen. Im Jahr 1882 wurde in der *New York Times* in einer kleinen Annonce ein Computer gesucht. Was zuerst anmutet wie der Spaß eines weitblickenden Visionärs – Computer als Maschinen gab es damals ja noch nicht –, entpuppt sich als Stellenanzeige, denn „Computer“ war seinerzeit die Berufsbezeichnung für solche Arbeitnehmer und Arbeitnehmerinnen, deren Aufgabe es war, in großen Firmen zentral alle Rechenarbeiten zu erledigen. Als dann, vor etwa 70 Jahren, das eigentliche Computerzeitalter begann, weil (1941) erstmals eine Maschine zur elektronischen Verarbeitung von Daten gebaut worden war, begann zugleich die Zeit, in der es mehr und mehr darum gehen sollte, das eigentlich Natürliche immer mehr zu mechanisieren – bis hin zum Menschen selbst.

In die Navigation in der Natur als der größten Datenbank der Welt ist der Mensch mit seiner ganzen Entwicklungsgeschichte einbezogen. Anders ist die mühelose Interpretation der vorhandenen Daten durch den Menschen nicht denkbar. Aber natürlich ist dieser bewußte Bereich der Teilhabe am Wissen der Welt nur der kleinere. Schließlich funktioniert Leben auch nur, weil permanent bestimmte Daten aus einem riesigen Speicher ausgelesen werden. Zu einem kleinen Teil geschieht das durch die uns bewußte Hirnaktivität, zu einem wesentlich größeren Teil allerdings gänzlich unbewußt, denn auf die Funktionen unserer Organe und Organsysteme haben wir keinen direkten Einfluß – funktionieren tun sie aber trotzdem. Ist es möglich, dieses Wunder irgendwann gänzlich zu verstehen? Kann man es dann sogar auch kopieren und nachbauen?

Der Beginn des Informationszeitalters

Wenn jemand aus seiner gewohnten Umgebung zu einer Wanderschaft aufbricht, wird er vorher sein Gepäck zusammenstellen. Die wichtigsten Utensilien werden ausgewählt, wobei sich Menge und Gewicht idealerweise adäquat zur Größe des Rucksacks, zur Tragekraft des Wanderers und zu den Reisebedingungen verhalten sollen. Die allermeisten Menschen werden sich beim Packen des Rucksacks beschränken müssen. Was wirklich wichtig und wesentlich ist, wird vom Wanderer vorher entschieden. Gut auf seine Reise vorbereitet wird er sein, wenn seine vorab getroffenen Entscheidungen sich in der Praxis als zutreffend erweisen, weil es ihm für sein Leben und Überleben an nichts mangelt.

So ähnlich verhält es sich auch mit Informationen, die als Nachrichten von einem Sender an einen Empfänger übermittelt werden. Gemessen am tatsächlichen Informationsumfang soll eine Nachricht auf das Wesentliche beschränkt sein, denn dann läßt sie sich leichter transportieren. Claude Shannon hat sich vor allem mit diesem Prozeß auseinandergesetzt, der in der Informatik Kompression genannt wird. Wie viele Informationen müssen gesendet werden, damit der Empfänger die Nachricht auch versteht?

Wenn die Fragestellung auf einen geschriebenen Text angewendet wird, kann davon ausgegangen werden, daß etwa 68 Prozent der verwendeten Zeichen überflüssig sind. Die Entropie (griechisches Kunstwort: ἐντροπία *entropía,* aus εν- *en-* „ein-„, „in-„ und τροπή *tropē* „Wendung", „Umwandlung"), aus der Thermodynamik bereits bekannt, wird darum insofern auch als Maß für den mittleren Informationsgehalt einer Nachricht interessant. Vereinfacht gefragt: Wieviel muß (und kann) in den Rucksack, um den Lebensgewohnheiten des Wanderers noch zu entsprechen?

Die Anforderung wird in der Informationstechnik auf zweierlei Art umgesetzt: Es gibt eine „verlustlose Kompression" (dabei werden die Daten „gestaut" wie der Schlafsack mit den Kompressionsgurten des Rucksacks), die vor allem dann angewendet wird, wenn es keinen Verlust geben darf (etwa bei der Übertragung von Computerprogrammen), und die „verlustbehaftete Kompression" (man packt nicht in den Rucksack, worauf man verzichten kann), die z.B. bei der Übermittlung von Bildern und Grafiken zum Einsatz kommt (von Bildern kann man weit über 90 Prozent der zugrunde liegenden Daten weglassen, ohne daß das menschliche Auge das bemerkt). Um auf die Entropie kommen zu können, wird aus einer zu übertragenden Nachricht also all das entfernt werden, was für das spätere Verstehen des Nachrichteninhalts nicht unbedingt erforderlich ist. Die angewendete Methode ist die Reduktion.

Solche „überflüssigen" Informationen nennt man redundant. Vereinfacht können Sie z.B. jemandem übermitteln, daß das „von Ihnen beim empfohlenen Schreiner bestellte Bettgestell aus Buche schneller als erwartet geliefert wurde", oder Sie schreiben einfach: „Bett ist da". Die zweite Variante kann eine SMS an Ihren Partner sein, weil ihm aufgrund seines Wissens die drei Worte genügen, um die ganze Nachricht selbst durch die stark verkürzte Information zu verstehen. Prinzipiell wichtig ist, daß – besonders bei der verlustbehafteten Kompression, die unserer alltäglichen elektronischen Kommunikation zugrunde liegt – Informationen bezüglich ihres

Gehalts reduziert werden und sich mithin die Frage stellt, ob und inwieweit sie hernach noch genügen, um eine Wirklichkeit tatsächlich noch darzustellen.

Mutmaßlich könnte eine Entwicklung ausgelöst bzw. katalysiert werden, die den reduzierten Inhalt schließlich als vollständige Wirklichkeit nimmt. Was bezogen auf harmlose Nachrichten praktisch ist, wäre immer fataler, je bedeutender die dargestellten Lebenstatsachen sind: Das Funktional-Existentielle gewönne gegenüber dem Intentional-Essentiellen endgültig die Oberhand.

Derzeit, so sagt man, leben wir im Informationszeitalter. Niemals vorher waren wir Menschen derart von künstlich gespeichertem und elektronisch übermitteltem Wissen so abhängig wie gegenwärtig. Und ein Ende der diesbezüglichen Entwicklungen ist noch lange nicht in Sicht. Vor diesem Hintergrund geht es also zunehmend darum, wie man Informationen so komprimieren kann, daß man mit möglichst wenig Speicher- und Transportkapazitäten auskommt. Hinzu kommt, daß gespeicherte Informationen nur dann sinnvoll sind, wenn sie im gewünschten Augenblick überhaupt auch gefunden werden können. Ihren Bücherschrank kennen Sie vermutlich relativ gut und werden darum auch Informationen einigermaßen treffsicher finden können. Aber wie könnten Sie das in Datenbanken bewerkstelligen, die Sie selbst nicht kennen?

Weltwissen wird gespeichert

Im Verlauf von Wissenschaft, Forschung, technischer Entwicklung und kulturellem Schaffen wurden und werden permanent Daten produziert. Aus einer riesigen Menge an Informationen erwächst unaufhörlich Wissen. Man spricht vom Weltwissen, wenn alles das gemeint ist, was jemals von Menschen erdacht, erdichtet, komponiert, gemalt, erforscht wurde. In früheren Zeiten konnte man noch an eine riesige Bibliothek voller Bücher und Bildbände denken, wenn man nach Vorstellungen dafür suchte, Weltwissen anschaulich zu machen. Die Bibliothek von Alexandria sollte 300 v.Chr. alle Schriftrollen der damals bekannten Welt aufnehmen. Vermutlich kam man auf eine halbe Million Schriftrollen, die etwa 30 bis 70 Prozent des damaligen Schriftgutes entsprachen. Heute handelt es sich meistens um Bits und Bytes, die herangezogen werden, wenn von den Grundlagen des künstlich gespeicherten Weltwissens die Rede ist. Ungefähr zur letzten Jahrtausendwende war es soweit, daß es auf Erden mehr digital als analog gespeichertes Wissen gab.

Daten lassen sich allerorten gewinnen. Verhalten und Gewohnheiten (Computer, Telefone, Kreditkarten usw.), die Infrastruktur der Städte und Gemeinden (Häuser, Züge, Busse, Flugzeuge, Brücken, Straßen und Fabriken) und schließlich auch jedes Lebewesen (Gesundheit, Krankheit, Konstitution und Lebenssituationen) sind Quellorte für das Sammeln von Daten. Aber nicht nur die Gewinnung von Daten folgt revolutionären Veränderungen der Welt, sondern vor allem auch die Methoden und wachsenden Möglichkeiten zu deren Deutung und Verwendung. Der neuen Big-Data-Science folgt gleichzeitig die Entwicklung einer Big-Data-Economy, in der Spezialisten, in eigenen Studiengängen ausgebildet und in immer moderneren Laboren dauernd trainiert, geeignete Algorithmen schaffen. Diese Algorithmen sind der Generalschlüssel zu einem Busineß, das zur Zeit aus den Kinderschuhen zu einer Wirtschafts- und Lebensmacht heranwächst, die grenzenlose Macht und ungeahnten Reichtum verheißt. Es geht nicht mehr allein um technisches Wachstum, sondern vor allem um das Wissen um die Verwendung der gewonnenen Daten. Algorithmen könnten – so der Harvard-Professor Gary King – die Wirkungen der Entwicklungen der Hardware bezüglich ihrer Effizienz tausendfach beschleunigt überflügeln.

Larry Page

Sergey Brin

Vor rund 20 Jahren kamen die beiden jungen Stanford-Studenten Larry Page und Sergey Brin auf die kuriose Idee, das gesamte damalige Internet offline auf Servern zu speichern und durch eine Suchmaschine zugänglich zu machen. Die damals „Back Rub" genannte Suchmaschine ist mittlerweile unter dem Namen Google zum globalen Marktführer geworden. Die Google Inc. gilt mittlerweile als eine der weltweit mächtigsten und umsatzstärksten Firmen.

Die Ursprungsidee war schon damals ausgesprochen verwegen. Zwar war das Internet im Vergleich zu heute noch klein, aber schon groß genug, um bald die technischen Möglichkeiten der Stanford-Universität an ihre Grenzen zu bringen. Was also tun? Eine Frage, die man sich auch gegenwärtig noch überall dort stellt, wo es um die künstliche Speicherung des Weltwissens geht.

Die US-amerikanische International Data Corporation (IDC), 1964 durch den MIT-Absolventen Patrick McGovern gegründet, ist eine der weltweit führenden Firmen für Marktforschung im Bereich der Informationstechnologie und Telekommunikation. Über 1.000 Analysten in 110 Ländern sammeln und bewerten Daten, die dem Erforschen von Entwicklungen und Trends dienen. So wurde die weltweit verfügbare Bruttospeicherkapazität von der IDC mit 2.596 Exabyte[1] angegeben, wobei bis zum Jahr 2017 ein Wachstum auf 7.235 Exabyte prognostiziert wird. Benötigt wird diese Menge insbesondere u.a. auch deshalb, weil in unserer zunehmend digital definierten Welt ständig die Anfragen von allein 4 Milliarden mobilen Endgeräten (Smartphones und Tablets) bewältigt werden müssen. Die Verteilung der zugrunde liegenden Speicherkapazitäten pro Kopf (weltdurchschnittlich 369 GByte) der verschiedenen Länder fällt indes noch sehr unterschiedlich aus. Werden einem Inder 64 GByte zugerechnet, sind es bei einem Schweizer bereits schon 2.331 GByte (im Jahr 2012). Vorgehalten werden diese Kapazitäten vornehmlich von Firmen, die zu 40 Prozent in den USA, zu 31 Prozent in der Region Westeuropa und zu 20 Prozent im asiatisch-pazifischen Raum ansässig sind.

Vorhin habe ich behauptet, daß Sie sich im eigenen Bücherschrank gut auskennen. Die Bücher sind irgendwie sortiert, manche mit Anmerkungen und Lesezeichen versehen. Außerdem haben Sie eine Erinnerungsvorstellung der jeweiligen Inhalte, denn Sie haben die Bücher ja gelesen. Wenn Sie nun nach einer bestimmten Information suchen, verwenden Sie das eben beschriebene Gerüst: Sie wissen, in welchem Teil des Regals die Reiseführer zu finden sind, erkennen am Titel den über Italien, in dem ein Lesezeichen steckt, das Sie direkt zum Kapitel über das Kolosseum in Rom führt, in dem der Satz über die Maße des Podiums für die Senatoren unterstrichen ist. Sie haben mit wenigen Handgriffen gefunden, wonach Sie gesucht haben!

Im Umgang mit der Suche nach und in Dokumenten im World Wide Web bietet z.B. Google (es gibt noch viele andere derartige Anbieter) die Nutzung einer Suchmaschine, die jene Arbeit übernimmt, die Sie

---

1 Exabyte = eine Trillion (10^{18}) Bytes (Red.)

im heimischen Arbeitszimmer selbst ausgeführt haben. Dafür muß eine Maschine schlicht und ergreifend möglichst gut können, was Sie als Mensch beherrschen: die Interpretation von Informationen. Das aber stellt eine bis in unsere heutige Zeit nicht annähernd bewältigte Herausforderung dar.

Semantik statt Syntax

Was Sie in das Eingabefeld einer Suchmaschine geschrieben haben, wird vor dem Start der Suche zunächst interpretiert und in eine für den verwendeten Algorithmus verständliche Form gebracht. Dadurch wird die Syntax der Anfrage vereinfacht. Nach der durchgeführten Suche werden nun alle Internetdokumente als Treffer angezeigt, die der Syntax der Anfrage entsprechen. Sie kennen es sicherlich, daß sich in der Trefferliste nicht selten Dokumente finden, die mit Ihrer Frage offensichtlich nicht wirklich etwas zu tun haben. Das liegt daran, daß die Suchmaschinen zwar annähernd die Syntax beherrschen, darum aber noch lange nichts von der Bedeutung, der Semantik, wissen. Wenn Sie beispielsweise nach „12345" suchen, ist nicht klar, ob es sich dabei um eine Telefonnummer, Postleitzahl, Kontonummer oder um eine Menge von irgend etwas handelt. Entsprechend zahlreich und bunt gemischt werden die von der Suchmaschine gelieferten Treffer darum auch sein.

Tim Berners-Lee

Der britische Physiker und Informatiker Tim Berners-Lee veröffentlichte 1990 ein Konzept für ein Hypertext-Projekt, mit dem der Grundstein für eine weltweit einheitliche Sprache für den Austausch von Dokumenten (Hypertext Markup Language, kurz HTML genannt) verfügbar wurde – und damit war das World Wide Web geboren. Berners-Lee denkt heute über ein sogenanntes „semantisches Web" der Zukunft nach. Das ist nur konsequent, denn die eingeleiteten Entwicklungen und mittlerweile erreichten Ergebnisse erfordern immer neue Methoden bezüglich Speicherung und Verarbeitung von Daten. Wenn Sie „vier Beine, weiches Fell, geschmeidige Bewegungen, kann gut klettern, schnurrt" bei Google eingeben, bekommen Sie auf der Trefferliste als erstes den Hinweis auf den Wikipedia-Artikel für „Katzen" und einen Kurztext angezeigt, in dem die eingegebenen Begriffe hervorgehoben sind: *„Sie haben* geschmeidige *Körper, ein* weiches Fell, *kurze Gesichter und relativ ... Da die Katze ihre Augen kaum nach links oder rechts bewegen* kann, *muß sie, um in ... und haben an den Vorderpfoten fünf und an den Hinterpfoten* vier *Zehen. ... Mit ihren scharfen Krallen können Katzen sehr gut Bäume* hochklettern." Eine Reihe von Merkmalen und Eigenschaften führt, durch einen Algorithmus bezüglich ihrer Syntax gedeutet, zum Begriff: Einer gewissen Wahrscheinlichkeit folgend bedeuten sie „Katze".

Aus der heutigen Sicht der Informatik entspräche es einem enormen Qualitätssprung, wenn es möglich wäre, die Ungenauigkeit der Suchergebnisse zu minimieren und zugleich ihre Menge durch solche Treffer zu erhöhen, die man als Suchender oder Suchende zunächst nicht mit der ursprünglich gestellten Frage verbinden würde. Um das erreichen zu können, werden Informationsinhalte mit eindeutigen Definitionen verknüpft (z.B. 12345 = Kontonummer). Es wird also eine Bedeutung mit einer bestimmten Zahl ausgewählter (und bearbeiteter) Informationen verknüpft. Was jetzt theoretisch recht trocken klingt, können Sie sich in bezug auf Ihren Alltag recht einfach vorstellen und werden bald erkennen können: Die mutmaßlichen Vorteile des semantischen Webs sind zweifellos verlockend, die Nachteile und Gefahren indes nicht minder bedrohlich.

Antworten auf ungestellte Fragen

Beim semantischen Web geht es bezüglich der Suchmaschinen zugleich immer auch um Fragen, die Sie als Suchender zwar nicht gestellt, aber höchstwahrscheinlich dennoch auch haben könnten. Diese Mutmaßlichkeit kann durch vorher gewonnene Fakten unterlegt sein. Wer nach „Haarshampoo" sucht, wird sich auch für „Haartönungsmittel" oder „Kämme" interessieren. Eine weitere Steigerung der semantischen Suche kann erreicht werden, wenn eine Suchmaschine möglichst viel über Sie weiß. Ein 27jähriger Mensch männlichen Geschlechts, der in einer Großstadt wohnt und sich für Popmusik interessiert, gelegentlich Kleidung eines bestimmten Anbieters bestellt usw., interessiert sich auch für XX, wenn er nach Haarshampoo sucht.

Heutzutage werden überall im Alltag Daten gewonnen. Niemand kann sich dem mehr entziehen. Die Kombination dieser gewonnenen

Daten erfolgt bereits bis zu einem so hohen Grad der Perfektion, daß davon gesprochen werden kann, daß es zu jedem realen Menschen einen digitalen Doppelgänger gibt. Dieser digitale Doppelgänger ist das Ergebnis der Lebensgewohnheiten einer Person und wird, besonders im semantischen Web, zu einem virtuellen Torhüter am Eingang ins Internet. Dieser Torhüter wird aufgrund seiner Beschaffenheit zu ganz bestimmten Inhalten lenken und darum bemüht sein, zu einem aus seiner Sicht sinnvollen, adäquaten Verhalten zu leiten.

Die Firma Google hat längst erkannt, was für ein Potential für künftige Geschäfte sich daraus ergibt, und z.B. die Google-Glasses entwickelt. Das sind Brillen, in die eine winzig kleine Kamera montiert ist, mit der aufgezeichnet wird, was der Mensch sieht, der die Brille trägt. Die so gewonnenen Daten werden mit gespeicherten Datenbeständen abgeglichen, um daraus Informationen und Vorschläge für den Menschen zu generieren, der gerade durch die Brille sieht. Sie erfahren dann, tatsächlich im Augenblick, um wen es sich bei diesem Menschen handelt, für was er sich möglicherweise interessiert uvm. Außerdem erhalten Sie als Ergebnis einer Datenanalyse, ob sich das Gespräch mit ihrem Gegenüber in der S-Bahn überhaupt lohnt. Dafür werden die zu Ihnen selbst erhobenen Daten zu denen über Ihr Gegenüber in eine Beziehung gebracht. Das ist eine Funktion, der sich auch Partnervermittlungsseiten im Internet bedienen, um den „idealen und passenden" Partner für Sie zu finden. Es wird dabei davon ausgegangenen, daß der Ihnen zugehörige digitale Torhüter über nahezu kanonisches Wissen verfügt, also gemessen an der verfügbaren Datenmenge unfehlbar ist. Genaugenommen geht es bei allen diesen Funktionen darum, Ihnen tatsächlich einen Assistenten für alle Lebenslagen zur Seite zu stellen, der Sie aufgrund Ihres Soseins klug informiert und berät.

Nun sind wir bei einem Punkt der Entwicklung angekommen, an dem Sie unschwer erkennen, daß die aus gespeichertem Weltwissen künstlich geschaffene Welt eine konkrete Bedeutung für unser aller Leben erlangt. Sie ahnen sicherlich, an welchen Schnittstellen sie auch in Ihr Leben eindringt, was Sie bewußt vielleicht so gar nicht wollen.

Künstliche Intelligenz

Eine Maschine der bisher bekannten Art kann nur verarbeiten, was irgendwie berechenbar ist. Alle Arbeitsschritte müssen einer bestimmten Logik folgen und algorithmisch handhabbar sein. Daß das auch beinhaltet, daß man in der elektronischen Datenverarbeitung sogar auch mit vermeintlich unlogischen Informationen mittlerweile schon recht erfolgreich umgehen kann, habe ich im Flensburger Heft 123, *Arm und Reich – Die Spaltung von Welt und Leben*, im Kapitel „Erwarten des Möglichen" beschrieben, als es darin um die Fuzzy-Logik ging. „Ungefähr", „sehr wahrscheinlich" und „vielleicht" werden durch diese Denkart in der EDV zu handhabbaren Parametern, weil das Ergebnis einer Operation zwar nicht perfekt, aber trotzdem noch gut genug ist. Dadurch ergibt sich der Zugang zu einer Wirklichkeit, die nicht bzw. nie die reale Welt ist.

Nun ist es nur noch ein kleiner Schritt dorthin, wo man sich danach zu fragen beginnt, was Leben überhaupt ist und ob es sich z.B. bezüglich der Intelligenz technisch nachbilden bzw. erzeugen läßt. Der US-amerikanische Neurophysiologe und Roboterforscher William Grey Walter baute schon in den 1950er Jahren eine batteriebetriebene Schildkröte, die sich selbständig an eine Steckdose anschloß, wenn die Ladung ihres Akkus zur Neige ging. Für die Anhänger und Verfechter der Künstlichen Intelligenz (KI) ein epochaler Schritt, denn das Handeln der Roboterschildkröte könnte rein funktional darauf schließen lassen, daß diese Maschine Hunger erlebt, bzw. umgekehrt: daß der Hunger, den wir Menschen empfinden, im Prinzip nichts anderes ist als jene Funktion, die die Roboterschildkröte zur Steckdose treibt.

Daß Schachcomputer im Spiel gegen bestens trainierte Menschen den Sieg davontragen können, wissen Sie vermutlich bereits. Aber diese schon sehr beachtlichen Programme sind längst zu Kleinigkeiten geworden. Nur wenige Jahre nach William Grey Walters Schildkrötenexperiment hatte man (bereits Mitte der 1960er Jahre) einen Computer für die Psychotherapie programmiert. Testpatienten sagte man, daß sie sich an ihm per Tasten mit einem realen Therapeuten austauschen würden. Das erzielte Ergebnis war insofern verblüffend, als therapeutische Effekte erzielt werden konnten und die Testpatienten sogar zufriedener waren, weil es ihnen leichter fiel, sich per Tastatur zu ihren Problemen zu äußern. Dann steigerte man den Versuchsansatz, indem man einen „schizophrenen Computer" programmierte und Fachärzte an die Tastatur setzte, damit sie sich über das geschriebene Wort mit dem vermeintlichen Patienten austauschen könnten. Die Therapiesitzung nahm einen Zeitraum ein, wie er den Ärzten aus ihrer gewöhnlichen Berufspraxis bekannt war. Verblüffend war auch hier das Ergebnis: Keiner der Ärzte hatte bemerkt, daß sie es in Wirklichkeit gar nicht mit einem realen Menschen, sondern bloß mit einem Computer zu tun hatten.

Welche und wie viele Information sind also nötig, um eine (täuschend echte) künstliche Wirklichkeit zu schaffen? Wie können diese

Informationen so gedeutet werden, daß die digitale Welt schließlich vollständig mit der realen verschmilzt? Da auch in der Informationstechnik Ressourcen begrenzt sind und weil für den Transport des Sinngehalts einer Information vor dem Hintergrund einer Berechenbarkeit nur eine bestimmte Teilmenge aller möglichen Daten erforderlich ist, werden Daten aufbereitet, auch indem gewisse Teile der Gesamtmenge verworfen werden (s.o.). Damit Sie sich vorstellen können, was bei einer solchen Reduktion geschieht, hier ein kurioses historisches Beispiel:

Thomas Jefferson

Im Jahr 1804, im dritten Jahr seiner Amtszeit als dritter Präsident der USA, stellte Thomas Jefferson eine Bibel (die *Jefferson-Bibel*) her, für die er aus dem vorhandenen Textbestand buchstäblich alles herausschnitt, was sich mit seinem Verständnis von Naturwissenschaft nicht vereinbaren ließ. Seinem Schnippeln fielen also alle Heilungen, Visionen und auch die Auferstehung Christi zum Opfer. Zurück blieb eine von allem „Unnatürlichen" befreite Bibel, von der Jefferson selbst sagte, daß es das „schönste Stück Ethik" sei, das er je gesehen habe. Ist die Reduktion der biblischen Texte auf ihren „schönen ethischen" Bestand legitim?

So ähnlich wie Thomas Jefferson mit der Bibel verfuhr, wird auch mit den heutigen Datenbeständen verfahren. Sie werden gekürzt und komprimiert und, besonders im semantischen Web, mit ganz bestimmten Bedeutungsbezügen verknüpft. Wenn dann jemand zu einem Begriff einen Inhalt sucht, wird er nur finden können, was vorher dafür festgelegt wurde. Oder auch umgekehrt: Wenn eine bis auf die Größe eines Insekts miniaturisierte Drohne, die selbständig Tötungsentscheidungen trifft, ganz bestimmte Inhalte aus der verbundenen Datenbank herausliest, wird ein Mensch möglicherweise, ganz unabhängig von den wirklichen Tatsachen seines Lebens und Verhaltens, als Terrorist definiert und eliminiert werden. Oder: In etwa zehn bis zwanzig Jahren könnten Menschen die zu ihnen gehörigen genetischen Informationen auf einem Speicherstick mit sich führen, wenn sie den Arzt besuchen oder sich bei einem neuen Arbeitgeber bewerben. Dadurch könnte dann jede individuelle Situation jederzeit mit dem vermeintlich *großen Ganzen* verknüpft und beurteilt werden. An beidem, an der selbst entscheidenden, winzigen Drohne und an der eben beschriebenen Genanalyse in der Arztpraxis nebenan, wird übrigens gegenwärtig tatsächlich erfolgreich gearbeitet. Sie werden bald alltägliche Wirklichkeit sein!

Technik, Hirn und Superhirn

Im „Human Brain Project" der Europäischen Kommission, welches seit 2013 in einem Zeitraum von zehn Jahren das gesamte Wissen über das menschliche Hirn zusammenfassen und mittels computerbasierten Modellen und Simulationen nachbilden soll, sind sich die beteiligten Neurowissenschaftler, Mediziner und Informatiker (in 135 Partnerinstitutionen in 26 Ländern) inzwischen darin einig, daß das Gehirn kein Computer ist. Es ist weitaus mehr und bislang mit keinem noch so großen und leistungsstarken Computersystem nachzubilden. Immerhin: Man ahnt mittlerweile, daß selbst die Vernetzung von Milliarden von Endgeräten vermutlich nie eine lebendige Intelligenz darstellen wird, auf die zugegriffen werden kann. Macht und Eigendynamik der von uns Menschen selbst geschaffenen elektronischen Systemwelt sind dem Leben oberflächlich betrachtet zwar ähnlich, aber nicht gleich; jedenfalls solange wir vom Menschen in seiner derzeitigen Erscheinungsform ausgehen. Technik wird nicht zum Menschen werden können. Dennoch sind auf dem Weg der Erforschung von Hirnfunktionen und des Bewußtseins immer wieder überraschende Entdeckungen möglich.

Als IBM 1964 daranging, ein Betriebssystem zur elektronischen Stapelverarbeitung zu entwickeln (mit dem Namen OS/360, das erstmals eine Festplatte als Massenspeicher mit direkter Zugriffsmöglichkeit voraussetzte), stand man vor der Herausforderung, dem gewünschten Multitasking mit einem Multiprocessing zu begegnen. Der Programmieraufwand war enorm. In der Spitze arbeiteten über 1.000 Menschen in unterschiedlichen Funktionen daran, so daß zwischen 1963 und 1966 etwa 5.000 Mann-Jahre auf das Projekt verwendet wurden. Die Frage war, ob die gleiche Arbeit von z.B. 200 Menschen in 25 Jahren erledigt worden wäre. Läßt sich die Arbeitszeit eines Teams so kalkulieren, oder liegen dem Zusammenarbeiten von Menschen andere Regeln zugrunde, die sich in neuen, bisher unbekannten Organisationsmustern abbilden lassen?

Harlan D. Mills, ein ehemaliger Bomberpilot und Fluglehrer, entwickelte bei IBM die Möglichkeiten der strukturierten Programmierung, die er in Teams erledigen ließ, für die er die ideale Größe von sieben Mitgliedern entdeckt hatte. Wenn sieben – nicht sechs oder acht – Menschen zusammenarbeiten, sind die Ergebnisse nicht nur schnell verfügbar, sondern auch qualitativ am besten. Das Effizienz-Resilienz-Optimum kann von einem solchen Team am ehesten erreicht werden. Harlan D. Mills, der auch aufgrund dieser Entdeckung zum IBM-Fellow berufen wurde (das sind die besten und leistungsstärksten Mitglieder des Konzerns, die darum Sonderrechte erhalten), gliederte diese Siebenerteams (er nannte sie „chirurgische Teams") nach bestimmten Zuordnungen von Aufgaben:

1. Ebene: Surgeon (der „Chirurg": Er macht die Vorgaben hinsichtlich Funktion und Performance, entwirft das Programm, beschreibt und testet es und erstellt eine Dokumentation)
2. Ebene: Administrator (der „Chirurg" ist der Chef, der in allem das letzte Wort hat. Aber er braucht jemanden, der als Administrator Geld, Menschen, Raum und Maschinen verwaltet.) und Editor (verantwortlich für das Erstellen der Dokumentation und die Klarheit der Beschreibungen)
3. Ebene: Programming Clerk („Programmier-Angestellter", der für das Aufrechterhalten der technischen Dokumentationen im ganzen Team in einem eigenen Archiv verantwortlich ist), Toolsmith („Werkzeugschmied", der sich um das Editieren und das gemeinsame Beheben von Fehlern kümmert), Tester (Verwaltung geeigneter Testfälle für das Überprüfen der Qualität der Arbeit des Teams) und Language Lawyer („Sprachanwalt", der einen ordentlichen und effektiven Weg dafür findet, um mit den Entwicklungen des Teams ausgefallene Aufgaben zu bewältigen).

Es ist bemerkenswert, daß ein Team von einer ganz bestimmten Größe im Rahmen einer klar verabredeten Kompetenzen- und Aufgabenverteilung die besten Ergebnisse erzielen kann. Die einfache Steigerung der Anzahl beteiligter Teammitglieder erhöht also nicht die Effektivität, sondern bewirkt sogar das Gegenteil. Offensichtlich gilt ein Zweifaches: Das Phänomen des menschlichen Bewußtseins und der Hirnfunktionen läßt sich maschinell nicht gänzlich nachbilden. Und ein Leistungsoptimum ergibt sich durch ein Team von sieben Mitgliedern, das wie ein eigenes Organ funktioniert, das einem einzelnen menschlichen Gehirn weit überlegen ist. Frederick P. Brooks Jr. gab dem Buch, in dem er die Entdeckung von Harlan D. Mills beschrieb, denn auch den vielsagenden Titel *The Mythical Man-Month* (Boston 1975).

Mitweltliches Verstehen von Information

Während durch die herkömmliche Informationstechnik alles Wissen zu einer depersonalisierten Metakognition geführt wird, öffnen sich für Hirnforschung und Informatik vor dem Hintergrund der aktuellen Wissenschaft und Forschung die Tore zu ganz neuen Sichtweisen und Annahmen. Es gibt Wege und Methoden dafür, das Weltwissen auch außerhalb der künstlich gespeicherten Bestände erschließen zu können. Schon die Möglichkeiten eines einzelnen Menschen können unter entsprechenden Bedingungen über das bis heute wissenschaftlich erforschte Maß weit hinausgehen. Die Leistungen von bewußt geschaffenen und organisierten Teams sind gar aufgrund der bisher bekannten soziologischen Modelle kaum noch zu beschreiben. Es geschieht etwas, von dem vielleicht in früheren Kulturen noch Kenntnisse vorhanden waren und dem wir Heutigen uns bislang allenfalls ahnend wieder zu nähern vermögen: Inspirationen aus einem kollektiven Bewußtsein, das in einem System zu leben vermag, welches sich einer Gemeinschaft von zusammenarbeitenden Menschen wie eines Superhirns bedient.

Das elektronisch gespeicherte Weltwissen nimmt an Umfang ständig zu. Ebenso werden die Methoden und Apparate immer weiter verfeinert, mit denen dieses Wissen in allen möglichen Anwendungen verfügbar werden soll. Aber alles daraus resultierend Neue ist eben nur vermeintlich neu, denn es ist in Wirklichkeit nur die (vielleicht höchst komplexe) Kombination von längst Bekanntem. In der digitalen Parallelwelt ist das wirklich Neue – im alten Sinne gesprochen: die Offenbarung – nicht möglich. Es ist die Welt perfekter Funktion, mit der sich ein Mensch in seinem Handeln zwar noch bis zu einem gewissen Grad identifizieren wird, in der er aber nicht wirklich leben kann.

Mag sein, daß wir einer Zeit entgegengehen, in der vom Menschen, je nach seiner freien Entscheidung, lebendiges oder totes Wissen abgerufen wird. Parallel zu den technischen Entwicklungen auf der einen Seite könnte eine Perfektionierung von Methoden und Fähigkeiten stattfinden, die den Menschen in eine ganz neue Beziehung zur Welt, zu sich selbst und zu seinen Mitmenschen setzt.

Dramen der Wandlung

Stellen Sie sich bitte einmal vor, Sie wären in jeder Ihrer Erfahrungen und Wahrnehmungen vollständig erlebbar mit der Welt verbunden. Sie werden sich selbst und Ihre Bedeutung für das Weltganze nach einer Weile als ebenso bedeutend erleben können wie die eines Maikäfers, einer Wiese oder eines Sees. Nichts würde etwas anderes irgendwie überragen, alles wäre in seiner lebendigen Bedeutung gleich. Mit einer solchen Vorstellung nähern wir uns dem Ergebnis der Übung, die ich Ihnen in der Einleitung dieses Buches vorgeschlagen habe. Sie wären in einem solchen Welterleben Mensch, und nichts als Mensch. Das Besondere daran ist, daß dieses so erfahrene Menschsein allen anderen Seinsformen nicht (mehr) übergeordnet wäre. Die so kontemplativ hergestellte Reduktion der *Selbsterfahrung* wäre auf ihr minimales Maß bzw. auf ihren eigentlichen Keim beschränkt.

Was im Sinne der ersten Form geistigen Übens (also der Kontemplation, an die sich Meditation und Gebet anschließen können) nach einer Weile als Ergebnis und Ausgangspunkt mitweltlichen Erlebens zum Bewußtsein kommt, ist die Art des Welterlebens, die uns in Kindheitszeiten zu eigen ist. In dieser Phase der Biographie erhebt sich der Mensch noch nicht über andere Lebewesen und Seinsformen. Die Empathie des Menschen ist darum in den ersten Phasen seines Lebens noch grenzenlos.

Kindheit als Erfahrung absoluter Verbundenheit

Ein spielerisches Entdecken und Erfahren der Welt sollte sich in den Kindheitsjahren eines Menschen ereignen können und auch für die späteren Jahre seines Lebens nicht verlorengehen. Im Unterschied zum Erwachsenen fällt es dem Kind aber noch leicht, die Welt einfach zu spüren, sie mit dem ganzen Leib und allen Sinnen zu erleben. Kinder sind so gesehen ganz Organ der Wahrnehmung. Worin sie leben, das erreicht sie ganz und gar. Selbstverständlich für diese Phase der Entwicklung ist, daß Welterfahrungen noch gänzlich undistanziert gemacht werden. Der betreffende Mensch ist sozusagen noch um ein Vielfaches mehr Welt, als daß er ein von ihr separiertes Wesen ist. Diese Erfahrung können wir Erwachsenen uns in aller Regel nur ausnahmsweise wieder ermöglichen. Was wir in den Geflechten unseres Alltags geworden sind, muß dafür erst einmal zum Schweigen gebracht werden.

Unseren Kindern glauben wir Gutes zu tun, wenn wir sie an eben jene Alltagswelt gewöhnen, die wir selbst in unserem Lebensabschnitt vor der Erfahrung der Mitweltlichkeit erst mühsam zu überwinden haben. Diese Gewöhnung an den Alltag, an die „Welt, wie sie ist", ist absurd, weil wir damit die Erfahrung des Menschseins in der Verbundenheit mit aller Welt verschleiern. Wir führen unsere Kinder zu einer Welterfahrung, auf die für die Zukunft nichts Gutes gebaut werden kann. Statt spielerisch und sorglos die Welt erfahren zu dürfen, werden die Kinder z.B. in einen immensen Leistungs- und Termindruck versetzt. 95 Prozent der Sechs- bis Zehnjährigen aus Haushalten der in Deutschland Besserverdienenden sind nach der Schule bereits in multiplen Mitgliedschaften in Gruppen und Vereinen verplant. Die „Shell-Jugendstudie" zeigt u.a., daß der Arbeitstag der Kinder im Grundschulalter gegenwärtig bereits doppelt so lange dauert wie noch vor 20 Jahren. Parallel stiegen die Behandlungskosten von Kindern und Jugendlichen unter 15 Jahren mit psychischen und Verhaltensstörungen in den Jahren zwischen 2002 und 2008 hierzulande um 30 Prozent auf nunmehr 1,8 Milliarden Euro an.

Die Journalistin und Publizistin Susanne Gaschke schreibt: *„Kindheit im traditionellen Sinne – mit viel freier Zeit, Nachbarschaftsbanden, Puppen, Rollschuhlaufen, Fußballspielen – endet heute mit spätestens zehn Jahren. Wer in höherem Alter noch mit einem Teddy erwischt wird, kann einpacken. Die Zeit danach – späte Kindheit plus Pubertät und Jugendzeit – wird von einer neuen Klammer zusammengehalten: der elektronischen Moderne. So stehen neun von zehn 6- bis 13-Jährigen Computer und Internet zur Verfügung, 57 Prozent besitzen eine Spielkonsole. Ein Handy hat jeder dritte Acht- oder Neunjährige, und neun von zehn der 12- bis 13-Jährigen besitzen eines.*

Der Anteil von Kindern, die Soziale Netzwerke nutzen, hat sich von 16 Prozent im Jahr 2008 auf heute 43 Prozent weit mehr als verdoppelt; bereits jeder dritte 10- bis 11-Jährige hat dort ein eigenes Profil. Das Kommunikations- und Freizeitverhalten der Generation Zehn plus gleicht sich dem der Erwachsenen immer stärker an. Einmal abgesehen von allen potenziell problematischen Inhalten, auf die Kinder dabei stoßen könnten – das elektronische Leben kostet sie enorm viel Zeit." (zeit.de)

Die Auseinandersetzung um die Bedeutung des essentiellen bzw. existentiellen Welterlebens findet bezüglich der Kindheit inzwischen exemplarisch statt. Die Kleinen von heute sind bereits voll mit der Erwachsenenwelt konfrontiert. Was die Kindheit sein soll, wird zum Spiegelbild des Ringens des Menschen um die Art seiner Verbindungssuche zur Welt.

„Kindheit wird aus Erwachsenenperspektive oft negativ bewertet, wenn auch einige Erwachsene durchaus positive Aspekte des gegenwärtigen Kindseins formulieren. Diese ambivalenten Interpretationen können für das Freizeitverhalten von Kindern verdeutlicht werden: Vermissen die einen Kreativität und Eigeninitiative und bemängeln verplante Alltage sowie die passive Rezeption einer virtuellen Welt, betonen andere neue Qualitäten des Kindseins – etwa die Vielfalt an Optionen, die sich Kindern heute bieten, die Bereicherung durch das Erleben wechselnder Sozialbezüge und die Selbständigkeit und die größeren Freiräume. Viele Erwachsene beklagen andererseits ein isoliertes Nebeneinander von Freizeittätigkeiten, die gestiegene Unübersichtlichkeit sowie das Fehlen von wildem und spontanem Spiel." (Renate Kränzl-Nagel, Johanna Mierendorff: *Kindheit im Wandel,* SWS-Rundschau 2007, Heft 1)

Unsere Lebenswelt ist zunehmend technisiert und auf Effizienz ausgerichtet. Viele Bereiche des Alltags würden anders nicht mehr funktionieren. Diese Tatsache wirkt auf unser Verhältnis zur Kindheit zurück und verändert, längst nicht mehr schleichend, sondern allgegenwärtig und gut sichtbar, die Prämissen der vorherrschenden Pädagogik. Gerald Hüther, einer der bekanntesten Hirnforscher Deutschlands, stellt fest:

„Und weil die unseren Alltag so beherrschenden technischen Höchstleistungen tatsächlich nur durch ein enormes Fachwissen unter den Bedingungen von exakten Vorschriften, detailliertem Planen und strenger Überwachung zu realisieren sind, haben wir uns offensichtlich so sehr daran gewöhnt, daß wir nun glauben, diese Bedingungen würden ebenso unser Leben bestimmen und gälten deshalb auch für unsere Gesundheit oder die Bildung. Denn auch hier wird das Denken und Handeln zunehmend von Zielvorgaben und Effizienzerwartungen bestimmt, von der Vorstellung, alles sei lenkbar und machbar. Aber werden nicht gerade hier, in unserem Gesundheits- und Bildungswesen, die Probleme immer größer? Obwohl immer mehr gemacht wird, scheint doch immer weniger zu gelingen. Haben wir die

© PD Bischöfliche Pressestelle Hildesheim (bph)

Gerald Hüther

Antworten und Lösungen für diese Probleme einfach noch nicht gefunden, weil wir noch nicht alles erforscht haben? Oder haben wir schlicht und einfach über der Begeisterung für den technischen Fortschritt etwas ganz Wesentliches aus den Augen verloren? (...) Leben funktioniert nicht. Leben entwickelt und entfaltet sich." (Gerald Hüther: *Kommunale Intelligenz*, Hamburg 2013)

Im Laufe der Zeit schließt sich also Schicht um Schicht um das grenzenlos verbundene Welterleben der Kindheitszeiten, indem sich das Bewußtsein der Separation, des Hier-bin-ich-und-da-bist-Du ausbildet. Unsere Art, die Entwicklung unserer Kinder zum Erwachsensein zu begleiten, forciert und beschleunigt den natürlichen Verlauf so sehr, daß bald keine originären Kindheitserfahrungen mehr gemacht werden. Erwachsene kommen schließlich im Leben als seelisch Verarmte an, denen ein Tiefenerleben der Welt vielleicht noch nie wirklich vergönnt war. Für einen gewissen Teil unseres Existierens haben wir, um den Alltag zu bestehen, keine andere Wahl, als die Entwicklung des separierten Bewußtseins anzunehmen. Doch mit der Welt verbunden sind wir immer, solange wir leben. Nichts und niemand wäre imstande, nur für sich zu sein. Alle Welt und alle Wesen sorgen füreinander, liefern gemeinsam die Grundlagen jedweder Existenz. So ist es auch für uns Menschen: Aus allen Ebenen der Welt kommt uns zu, was der Befriedigung unserer Bedürfnisse dient – in Form von Nahrung, Wissen, Geschick und Verstand. Die eigentliche Tücke besteht allerdings darin, daß wir uns dessen bewußt sein können – oder eben nicht. Die Folgen unseres Verhaltens und Lebens werden jeweils andere sein, je nachdem, ob wir nur dumpf Verbrauchende werden – und Zeit unseres Lebens bleiben – oder ob wir uns in Freiheit zu verantwortlichen Mitwesen wandeln.

Der Weg aus der Separation

In jeder Biographie ergibt sich als natürliche Entwicklung eine Separation aus dem Erleben des Zusammenhangs mit dem gemeinsamen Leben und zugleich eine Individualisierung des persönlichen Lebensgefühls. Diese Separation kommt einem permanenten Widerstand gleich. Daß ein Leib so funktioniert, daß sich in ihm eine Existenz ereignen kann, setzt nämlich schon biologisch voraus, daß sich personifiziertes Leben all dem entgegenstemmt, was ansonsten Natur sein will. Ob der aufrechte Gang oder der Blutkreislauf der Schwerkraft entgegenwirkt oder ob Zellen und Zellverbände Zeit des Lebens ihre Form und Begrenztheit bewahren: Die Biologie, in der sich das Leben in zur Existenz tauglichen Form, also einem Leib, ereignet, ist

Ausdruck eines Wollens, das anderes als das große Ganze, nämlich Individualität und Form sein will. Wenn dieser Widerstand, den Prinzipien natürlichen Lebens folgend, irgendwann erlahmt, hat der Tod den Sieg davongetragen. Die Substanzen des Leibes, in dem Leben für seine Zeit inkarniert sein konnte, zerfallen hernach in das lebendige Wesen der Elemente zurück. So gesehen verallgemeinert das Sterben. Es führt Separiertes in die Verbundenheit zurück. Sterben und Tod als Diener der Mitweltlichkeit? Könnten wir dann sinnvollerweise um unserer selbst willen auch das sichere einstmalige Vergehen mit wollen?

Bis heute ist es den Medizinern und Biologen ein Rätsel, was sich genau im Sterben ereignet. Daß eine Existenz an ihr Ende kommt, ist aufgrund unübersehbarer Zeichen irgendwann nicht mehr zu leugnen. Aber das biologische Programm, das endgültig exkarnierend wirkt, ist bis dato unentschlüsselt geblieben. Man vermutet lediglich, daß es existiert und wirkt. Und auch daß der Tod in Wirklichkeit kein Moment ist, sondern vielmehr ein Prozeß, wird heutzutage nicht mehr bezweifelt, sondern vielfältig erforscht. Der Abschied aus dem personifizierten Leben geschieht nicht einfach, sondern verläuft jeweils individualisiert durch höchst unterschiedliche Etappen. Schon Galenos von Pergamon, ein Arzt und Anatom im zweiten nachchristlichen Jahrhundert, unterschied seinerzeit drei verschiedene Wege, die vom Gehirn, dem Herzen und der Lunge aus zum Tod führen können. Diese Organe nannte er darum auch die „Atria mortis“ (lateinisch = Tore zum Tod). Der französische Anatom und Physiologe Marie François Xavier Bichat (1771–1802) unterschied zwischen zellulären Eigenschaften mit Grundfunktionen zur Lebenserhaltung und dem Leben des Bewußtseins als Ausdruck der Lebenskraft. Für ihn konnte der Mensch bereits tot sein, während einzelne Komponenten seines Leibes noch weiter funktionieren.

© gemeinfrei unbekannt
Marie François Xavier Bichat

Überraschenderweise sprach auch Rudolf Steiner [siehe Seite 25] in einer Auseinandersetzung mit den damaligen wissenschaftlichen Aussagen zum Tod und zum Sterben gut einhundert Jahre später von solchen „verschiedenen“ Toden, indem er die Bedeutung des Erlöschens der Hirnfunktionen, den heute so genannten Hirntod, als den eigentlichen Tod des Menschen bezeichnete:

„Ein Leben des Menschen, ohne daß er sich in der physischen Welt des Gehirnes als Werkzeug bedienen könnte, kann doch wirklich nicht als eine Fortdauer des Lebens bezeichnet werden. – Von einem solchen Menschen muß man zugeben, daß das Leben beendet sei, wenn das für sein physisches Dasein nicht mehr auftreten kann, wozu er des Instrumentes des Gehirnes bedarf. Und wenn dann noch in irgendeiner Weise Lungentätigkeit und Herztätigkeit unterhalten werden können, so wäre das ungefähr ein Fortleben vielleicht im Sinne eines Pflanzenwesens, und man könnte, wenn man ganz vorurteilslos vorgehen will, von jenem Tode, der dann noch eintreten müßte, wenn Lungen- und Herztätigkeit aufhören, wie von einem Pflanzentode sprechen, der zu dem ersten Tode hinzukommt. Vom menschlichen Tode vorurteilslos zu sprechen ist nur möglich, wenn man den Tod eintreten sieht, weil sich der Mensch des bedeutsamsten Werkzeuges nicht mehr bedienen kann, durch welches er sein Leben in der physischen Welt, in seinen Bewußtseinstatsachen lebt. Und das Aufhören der Bewußtseinstatsachen innerhalb der physischen Welt, insofern sie an die Notwendigkeit des Gehirnes gebunden sind, müßte man für den Menschen allein als den Tod bezeichnen." (Rudolf Steiner: *Der Tod bei Mensch, Tier und Pflanze*, Berlin 29.02.1912, GA 61, Dornach 1987)

Der alte Kirchenlehrer Augustin bezeichnete gar das ganze Leben als ein sukzessives Sterben. Inkarnieren wir uns etwa vom ersten Moment unseres leiblichen Existierens in einen Leib, der qua Alterung und schleichendem Verfall nie etwas anderes als ein sterbender ist?

„Vom ersten Augenblick an, da man sich im sterblichen Leibe befindet, geht nämlich im Menschen stetig etwas vor, was zum Tode führt. (...) Wenn man nun zu sterben, d.h. im Tode befindlich zu sein beginnt von dem Augenblick an, da in einem der Tod einsetzt, das ist die Abnahme des Lebens, denn wenn das Leben durch fortwährende Abnahme sein Ende erreicht hat, befindet man sich nicht mehr im Tode, sondern schon nach dem Tode, so befindet man sich fürwahr im Tode vom ersten Augenblick an, da man sich im Leibe befindet. Dies und nichts anderes geht vor sich Tag für Tag, Stunde für Stunde und jeden einzelnen Augenblick, so lang, bis der Tod, der da vor sich ging, aufgezehrt ist und dadurch zum Abschluß kommt, und die Zeit, die während der Lebensabnahme eine Zeit im Tode war, nunmehr in die Zeit nach dem Tode übergeht." (Augustinus: *Vom Gottesstaat*, XIII/10, München 2007)

Martin Heidegger drückte das gleiche mit anderen, kurzen Worten aus: *„Der Tod als Ende des Daseins ist die eigenste, unbezügliche, gewisse und als solche unbestimmte, unüberholbare Möglichkeit des Daseins.*

Martin Heidegger

Der Tod ist als Ende des Daseins im Sein dieses Seienden zu seinem Ende." Oder: „*Als geworfenes In-der-Welt-Sein ist das Dasein je schon seinem Tode überantwortet. Seiend zu seinem Tode, stirbt es faktisch, und zwar ständig.*" (Martin Burger: *Endliches Dasein: Heideggers Daseinsanalyse und Becketts Roman Molloy,* Würzburg 2004).

Für uns Menschen gilt, daß wir wissen, daß es vor diesem finalen Schicksal unserer zeitlichen Existenz kein Entrinnen gibt. Dennoch fällt es niemandem leicht, das zu akzeptieren. Wie auch, denn wir sind uns untergründig gewiß auch des Widerstands bewußt, den unser Leib den Kräften des Sterbens entgegenbringt und dem wir unser Leben verdanken. Indem wir den Tod nicht ohne weiteres als Verbündeten des Lebens akzeptieren, folgen wir demnach mit Bewußtsein jenem Kräftewirken, das die Biologie unseres Leibes ein Leben lang bestimmt. Ein andauerndes Sterben durchzieht im Sinne Augustins unser Leben ebenso wie ein fortwährendes Geborenwerden, das sich bereits vordergründig in allem Erhalten und Regenerieren unseres Leibes, den gleichzeitigen Sterbeprozessen zum Trotz, ereignet. Können wir darin zu einem besonderen, erweiterten Bewußtsein unserer selbst finden? In einem solchen Zusammenhang hätten viele Zeitereignisse und -tendenzen tatsächlich einen Sinn, weil sie zur Frage nach dem leiten, was den Tod überdauert. In Materie, Energie und Information gekleidet sind es immer Wesen, die ihren Weg durch Prozesse des Sterbens nehmen – Individuen und Gemeinschaften gleichviel.

Beispiele Mittelmeer und Kanada: Sterben ganzer Lebensräume

Der Tod – der eines nahestehenden Menschen oder gar der eigene – ist immer ein erschütterndes, einschneidendes Ereignis, das allerdings zum Leben dazugehört. Kein Leben ohne Sterben und Tod – und den nachfolgenden Neubeginn in anderer Existenz. Das gilt auch für

Gemeinschaften und ganze Lebensräume. Und so unverstanden bis heute die Mysterien des Todes auch sind, so begrenzt scheint die Aufmerksamkeit zu sein, mit der wir uns den Sterbeprozessen in unserer Lebenswelt zuwenden. Viele bemerken das Lebensraum-Sterben gar nicht, wenige appellieren verängstigt an die ökologische Vernunft, aber niemand weiß wirklich, wieviel Sterben um uns herum denn sein muß und darum sein darf, also wieviel Tod der Fortgang des gemeinsamen Lebens berechtigt zu fordern hat. Diese Überlegung als solche wird möglicherweise auch in Ihnen Befremden auslösen. Aber sie ist unumgänglich, wenn wir Menschen den Bezug zur Realität bewahren wollen. Jedes Leben ereignet sich auf Kosten anderen Lebens. Nicht nur durch jedes einzelne Leben, sondern auch durch das gemeinsame Dasein wird die Welt durch Tode verändert, die bestenfalls zu neuem, anderem Leben führen. Die diesbezügliche Realität anzuschauen ist allerdings nicht einfach. Dazu zwei Beispiele:

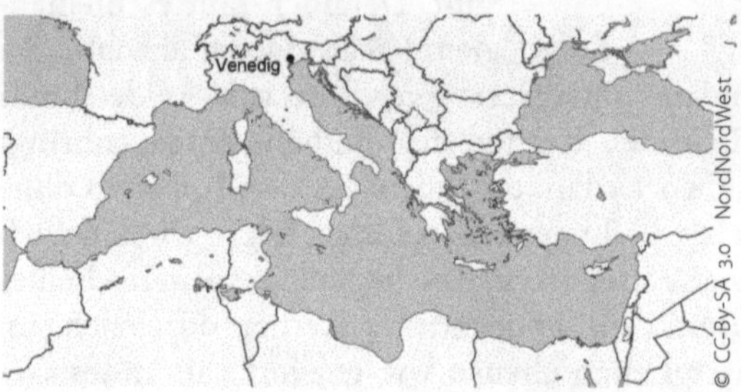

Geographisch ist die Mittelmeerregion von markanter Schönheit. Sommer, Sonne, Strand und Meer, Zeugnisse uralter Geschichten, die von der Entwicklung der europäischen Kultur handeln, üppiges Leben in Fauna und Flora: All das wirkt so anziehend wie die steigenden Temperaturen in Luft und Wasser. Die ökologische Katastrophe nimmt ihren Verlauf: Schwimmen im 25 bis 27 Grad warmen Meer, das lieben nicht nur jährlich zig Millionen Menschen, sondern auch Gelbflossenbarrakudas, Kugel- und Papageienfische, die aus fernen afrikanischen Regionen einwandern. Eigentlich ist das alles von betörender Schönheit. Die andere Seite der Medaille wird durch die Folgen des jahrzehntelangen Tourismus geprägt. Die für die Gastronomie in Venedig legendären Venusmuscheln sind mittlerweile nicht selten hochgiftig, also eigentlich ungenießbar. Es ist fatal: Die Meerestiere gedeihen in den Industrieschlämmen der Lagune von Porto Marghera besonders gut, bescheren den Fischern darum reizvolle Umsätze und den Touristen Bauchschmerzen oder Krebsgeschwüre. Der Meeresboden ist vielerorts mit geschätzten fünf Millionen Tonnen Klärschlämmen, Bauschutt und Fabrikabfällen bedeckt. Kupfer, Zink, Blei, Quecksilber und Chlorverbindungen sind in Extremwerten nachweisbar. Überdies erodieren die Küsten, und 85 Prozent des Waldbestandes sind bereits verschwunden. Ist diese Wiege Europas wirklich noch ein Paradies für Urlauber? Ist des Sterbens dort nicht längst zuviel?

Vom Tourismus bislang weitgehend noch unberührt geblieben ist die Ostküste Kanadas. Ihre Weiten in Land und Meer sind von herber Schönheit. Pittoreske Fischerdörfer sind durch wenig befahrene Straßen miteinander verbunden, auf denen schon mal ein Bär oder Elch entlangstolziert. Die Natur ist tief und kräftig, die Wälder sind nahezu undurchdringlich, und die Wogen des Meeres zuweilen von schier urweltlicher Wucht und Kraft. Aber da sind entlang der Küsten und Straßen auch zahllose verlassene Häuser, verwaiste Bootsanleger und verwitternde Schiffswracks. Ganze Städte liegen im Sterben. Im Hafen der einst lebendigen und berühmten Stadt Canso (im dortigen Telegrafenamt ging der erste Notruf der sinkenden Titanic ein) ist es meistens still. Man sieht noch die Fundamente der inzwischen abgerissenen Geschäfte, Kneipen und Werkstätten, das Postamt steht zum Verkauf, und die weit und breit einzige Tankstelle ist noch von wahrhaft antiker Schönheit geblieben. Landflucht, jene immer noch ungebremste globale Entwicklungsnuance, entvölkert auch hier ganze Städte und Regionen. Was das Leben der Menschen einst bestimmte, was ihnen als Ergebnisse harter Arbeit diente, ihr Leben erleichterte, verschwindet schneller, als es einstmals entstanden war. Nichts, auch die Werke der Menschen nicht, ist für immer beständig. Alles Gewordene ist tatsächlich vergänglich.

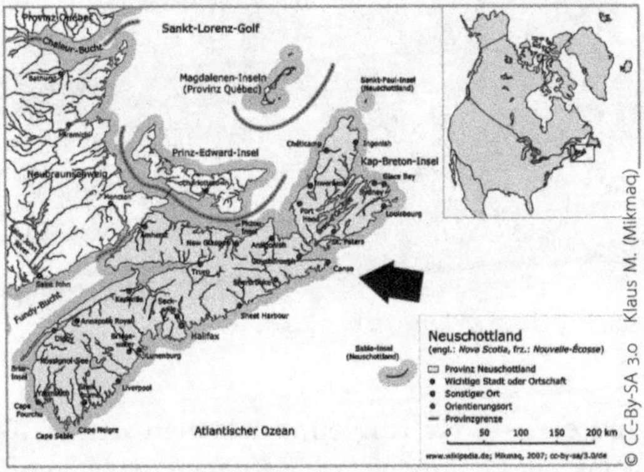

Wenn dem so ist, wird sogar auch die Erde eine Sterbende sein. Ewiges todloses Leben im irdischen Sein entpuppt sich als Illusion. Es ist nicht möglich, den Herbst zu übersehen. Aber wie bereitwillig begegnen wir dem Verfall, der den Wandel ganzer Lebensräume und Kulturen begleitet? Wie bewußt sind wir uns dessen, was den einen Tod überdauert, um hernach Grundlage des anderen, neuen Lebens zu sein?

© und Quelle: Cornelia Keusemann, Herdecke

Telegrafenstation im kanadischen Canso

Im allgemeinen sind es zwei Haltungen, mit denen wir Menschen – auch aus ökologischer Gesinnung – den Keimen der Zukunft begegnen. Einerseits wollen wir bewahren, was uns in der erlebten Gegenwart gewohnt und liebgeworden ist. In den Koordinaten eines Besser, Schöner, Größer, Gesünder soll sich das Jetzt zum Morgen wandeln und wachsen. Andererseits finden sich in allem Vergehen Keime für eine Zukunft, die gänzlich anders und darum wirklich neu ist – eben ohne zugleich auch besser, schöner, größer oder gesünder zu sein. Kommendes muß nicht aus Fortschritt geboren werden, sondern kommt ohne extrapoliertes Jetzt als wirklich Neues auf uns zu.

In verwaisten Regionen entstehen wieder natürliche Räume, in denen man, jedenfalls für eine Weile, ganz gut ohne Menschen auskommt. Wirtschaft im herkömmlichen Sinne funktioniert jenseits der monetären Zusammenbrüche ohne Spekulation und Wachstumswahn. Religion gründet im Bewußtsein der ewigen Natur aller Menschen und nicht im Bekenntnis zu irgendeiner kleinlichen Theologie. Kunst muß nicht mehr länger elitär und Natur nicht mehr fremd sein. Die Keime dieser und weiterer Facetten der Zukunft sind bereits jetzt schon zu sehen. Jeder Herbst trägt in sich schon die Knospen des kommenden Frühlings. Es sind kleine Vorboten des Kommenden.

Aber in diesen kleinen Komplementen können wir uns bezüglich mitweltlicher Gesinnung üben, gerade dann, wenn wir uns in Dramen des Wandels erleben.

Ins Kleine konzentriertes Leben

Vor nunmehr vielen Jahren, Mitte der 1970er Jahre, besuchte ich zusammen mit einem guten Freund in der damaligen DDR einen jungen Pfarrer. Wir saßen in seinem Wohnzimmer, auf dem Tisch eine kleine Vase mit Gänseblümchen, als wir uns über die Kathedrale von Chartres unterhielten. Mein Freund und ich waren damals, kurz vor unserer Reise in den Osten Deutschlands, gerade dort gewesen. Unser Gastgeber hatte aufmerksam einige Bücher über dieses imposante Bauwerk der Hochgotik und seine Geschichte gelesen. Ich konnte mir damals die Frage danach nicht verkneifen, wie er sich fühlen würde, wenn er jemals die Kathedrale besuchen könnte (fünfzehn Jahre später wurde das für ihn Wirklichkeit). Die Antwort, die er dann gab, hat mich indes so beeindruckt, daß ich sie nie vergessen habe.

Er deutete auf die Gänseblümchen auf dem Tisch und begann damit, zu beschreiben, was und wie er an ihnen erlebt. Die gotischen Bauformen der Kathedrale, ihre wunderschönen, geheimnisvollen Glasfenster, die aus Stein gehauenen Figuren und Plastiken, die schwarze Madonna in der Krypta der Kirche – alles wurde lebendig und gegenwärtig, indem er beschrieb, was an den Gänseblümchen für denjenigen erlebt werden kann, der es vermag, seine Sinne dafür wirklich zu öffnen. Die ganze hervorragende Perfektion architektonischer Kunst, statischer Präzision, geheimnisvoll farbiger Gläser, zeitloser Formen und Proportionen, die der Kathedrale – und den Gänseblümchen gleichviel – als Ausdruck ewigen Lebens zu eigen ist: gegenwärtig in ein paar Blumen zwischen den Kaffeetassen auf dem Tisch vor uns! *„Man sieht nur mit dem Herzen gut. Das Wesentliche ist für die Augen unsichtbar“*; Antoine de Saint-Exupéry hatte recht. Es gibt wohl wirklich einen Sinn, der vom Innenweltlichen aus das Außenweltliche für das Wesentliche zu erschließen vermag.

Zweifelsohne war dieser Exkurs in die Weiten und Schönheiten der Welt von der Melancholie des faktischen Gefangenseins unseres Gastgebers getragen. Gefangen in geschmacklose Straßenzüge mit Plattenbauten, gefangen in die städtische, damals sehr naturentfremdete Umgebung Ostberlins. Aber es war wahrhaftig, lebendig, einladend und nachvollziehbar und – vor allem – keine Phantasie, sondern eine wirkliche Begegnung mit einem großen Ganzen. Auslöser war, so deute ich es heute, eine liebevolle Zuwendung zu dem gegenwärtig Möglichen, das dafür geeignet war, ein unendliches Mehr zu erschließen.

Als ich kürzlich mit dem mittlerweile gealterten Pfarrer telefonierte, habe ich ihm von dieser Begebenheit erzählt. Es hat ihn beeindruckt, wie stark der Nachklang durch Jahrzehnte in mir wirkte. Er hatte damals einfach mit einer Erzählung auf meine Frage geantwortet, die mich aus heutiger Sicht den Mangel erleben läßt, in dem wir, die wir damals uneingeschränkt reisen und studieren konnten, lebten. Und vor allem die Fülle ist für mich unvergeßlich, aus der unser Gastgeber damals inmitten von Großstadtgrau und ideologischer Bedrohung souverän sein weltgeweitetes Bewußtsein zum Erlebnis brachte.

Ich schreibe davon jetzt, weil die kleine Begebenheit für all das stehen kann, was uns Heutigen, mehr denn vor vierzig Jahren, aufgegeben ist: im vordergründigen Mangel der Fülle gegenwärtig zu sein und zu bleiben, die in recht verstandenen Kleinigkeiten erfahren werden kann. In den vorangegangenen drei Kapiteln habe ich aufgezeigt, wie sich unser Weltverständnis in Riesenschritten grundlegend verändert. Wir sind in diesen Wandlungsereignissen mehr denn je mit dem Mangel an Natürlichkeit, also mit der Entfremdung vom Leben konfrontiert. Eine künstliche Welt, die vielfach nur noch Reste des Eigentlichen, Natürlichen zurückläßt, wächst allerorten in das Leben hinein. Man braucht allerdings daran nicht zu verzweifeln, denn selbst im vermeintlich Kleinen ist das große Ganze stets gegenwärtig und zugänglich. Selbst der Zwang im erlebten und erlittenen Mangel beschert die Chance dafür, selbstgewollt die Öffnung der Sinne, Mitweltlichkeit in den eigenen Taten und damit die Reunion mit dem Leben zu vollziehen.

Teil 3

In jedem Teil ist alles gegenwärtig

„Zeit ist, was verhindert, daß alles auf einmal passiert."

(John A. Wheeler)

„Raum ist, was verhindert, daß wir alle eins sind."

(Markolf H. Niemz)

Wandeln der Welt

Niemand wird länger als einen unbedachten Moment lang daran glauben, daß die Welt vollendet ist und daß alles so bleibt, wie es ist. Wir wissen sehr wohl, daß die dauernde Veränderung der Welt ununterbrochen stattfindet, auch wenn wir das nur phasenweise realisieren. Hiermit haben wir einen wichtigen Ausgangspunkt für mitweltliches Verhalten gefunden, welches vom dauernden Werden ausgeht.

Zeitenläufe, Wachstumsphasen, Prozesse des Werdens und Vergehens, klimatische Ereignisse im Großen wie auch alle Lebensprozesse im Kleinen zeugen vom stetigen Wandel der Welt. Die tatsächlich damit einhergehenden Veränderungen liefern den Ausdruck für jene Entwicklungsverläufe, die wir Evolution zu nennen gewohnt sind, seit Jean-Baptiste de Lamarck 1809 diese Sichtweise erstmals populär gemacht hatte. Er ging damals fälschlicherweise zwar noch davon aus, daß erworbene Fähigkeiten schlicht von einer zur nächsten Generation vererbt werden, was aber prinzipiell nichts daran ändert, daß fortan an der Richtung der Entwicklung auf eine dauernde Vervollkommnung hin geforscht wurde und wird.

© gemeinfrei Jules Pizzetta

Jean-Baptiste de Lamarck

© gemeinfrei Photo originally from the 1859 or 1860

Charles Darwin

Seit Charles Darwin gehen nicht nur die Biologen davon aus, daß die Prozesse der Evolution auf das Ziel immer optimalerer Anpassungen an die jeweilige Umwelt ausgerichtet sind. Was Entwicklung treibt, sind das Bedürfnis und die Notwendigkeit optimalen und darum überlegenen Verhaltens, dem alle Lebewesen bewußt und unbewußt folgen. Im Ergebnis ereignet sich die Vervollkommnung der Arten. *„Nichts in der Biologie ist sinnvoll, außer im Licht der Evolution"*, brachte es der Evolutionsbiologe Theodosius Dobzhansky 1973 auf den Punkt.

Leben bringt prinzipiell mit sich, daß sich ständig unendliche, evolutive Veränderungen ereignen. Demgegenüber ist unsere Aufgabe als Menschen eine zweifache: Zum einen haben wir den Wandel als solchen zur Kenntnis zu nehmen, zum anderen müssen wir – darüber hinaus – bewußt und initiativ in dauernder Veränderung leben *wollen*. Dies führt über die bloße Identifikation hinaus. Es wird zur Herausforderung für jenen Teil unserer Inkarnation, für den wir selbst verantwortlich sind. Unser personales Menschsein ist erst unter dieser Voraussetzung ein vollständiges.

Zur Mitwelt gehören auch die Erfindungen des Menschen

Sofern wir uns als eine Art Lebewesen unter vielen verstehen, werden wir nicht umhin kommen wollen, Evolution natürlich auch auf uns selbst zu beziehen. Was der Mensch heute ist, ist er früher so noch nicht gewesen. Das gilt für jede Form des Menschseins, gleichviel, ob es sich in bestimmten Regionen unter dort besonderen Lebensbedingungen entfaltet oder ob wir die Menschengemeinschaft als ganze meinen. Fatalerweise begegnen wir aber bald einer Herausforderung, ohne deren Bewältigung wir nicht gut zu wirklich mitweltlichem Erleben fortschreiten können. Diese Herausforderung wird immer dann offenkundig, wenn wir uns Natur und Kultur noch unverbunden vorstellen.

Als Mitwelt werden wir noch relativ problemlos alles verstehen können, was uns natürlich umgibt. Den Wald, die Wiesen, die Sonne und den Wind ebenso wie die wild lebenden Tiere und Pflanzen. Aber wie verhält es sich mit dem Teil der Welt, der ohne uns Menschen nicht da wäre? Wie verhält es sich mit den domestizierten Tierarten, also z.B. den Hunden, Katzen, Kühen, Hausschweinen, Hühnern und Gänsen? Oder wie mit den Pflanzen, die wir im Laufe der Jahrtausende, unseren Bedürfnissen gerecht, veränderten, also dem Weizen, dem Mais, den Obstbäumen usw.? In ihnen finden sich Natur und Kultur vereint. Oben haben wir uns mit der Rolle des Menschen als der eines Gärtners beschäftigt. Dürfen wir, wenn wir die kulturschaffend veränderte Natur in unser mitweltliches Erleben und Verstehen einbeziehen, irgendwann eine Grenze ziehen? Etwa spätestens dann, wenn wir bei transgenen Pflanzen, Atomkraftwerken, Megastädten oder digitalen Netzwerken angekommen sind?

Im vorangegangenen zweiten Buchteil habe ich die drei Bereiche der Materie, der Energie und der Information nicht nur als solche vorgestellt, sondern auch anhand von ein paar Beispielen jeweils aufgezeigt, wohin wir Menschen die Entwicklungen bereits getrieben haben und immer weiter treiben. Dadurch haben wir uns einen Hintergrund für die ungeschönte Sicht dafür geschaffen, was alles (nur darum) zu unserer Mitwelt gehört, weil wir Menschen es selbst so gewollt haben und – mitunter – auch noch wollen. Wir haben unserer Art gemäß die Welt grundlegend verändert und dürfen, wenn wir aufrichtig bleiben wollen, darüber auch nicht hinwegsehen, wenn wir uns daran begeben, Mitweltlichkeit als erneuerte Gesinnung auszubilden. Die Liebe zur ganzen Welt wird notwendigerweise dann auch Leiden beinhalten müssen, sofern wir uns besonders der Resultate der durch uns ausgelösten Entwicklungen bewußt werden. Das erschwert die Inkarnation so sehr, daß nicht wenige Menschen über die gewonnene Einsicht in den gegenwärtigen Zustand der Welt erschrecken und sich in allerhand Fluchtwinkel zurückziehen.

Mensch im Wandel

„Der Mensch verdankt es der Natur, daß er Mensch sein kann; und das gilt nicht nur für sein vegetatives Leben, sondern der Anteil der Natur am menschlichen Dasein potenziert sich auf jeder Stufe der geistigen Entwicklung. Die Geschichte der geistigen Entwicklung des Menschengeschlechtes ist die Geschichte eines fortschreitenden Heraustretens des Geistes in die Natur. Geschichte ist der Prozeß der Selbstentäußerung des Geistes. (...) Weil die geschichtliche Verantwortung des Menschen ihn stets in die Natur hinausweist, ist sie nicht nur Verantwortung für andere Menschen, sondern notwendig auch Verantwortung für Sachen. Sie ist im Zeitalter der Naturwissenschaft sogar zu einer Verantwortung für die Erhaltung der Natur überhaupt geworden. Wer die Verantwortung für Tiere, für Pflanzen, für Rohstoffe, für den Wasserhaushalt und demnächst (Anm. von P.K.: Das Zitat stammt aus dem Jahr 1967!) *vielleicht für das Klima aus der Definition der Verantwortung ausklammern will, weil diese Formen der Verantwortung sich aus dem Rückbezug auf das Subjekt nicht mehr interpretieren lassen, der verkennt das Wesen menschlicher Verantwortung bereits im Ansatz. Es sei wiederholt: der Mensch ist, insofern er Verantwortung trägt, als ein Wesen bestimmt, das sein Selbstsein nicht in sich selbst, sondern außer sich hat. Er hat sein Selbstsein durch die Geschichte vermittelt in der Natur; er hat sein Selbstsein durch die Natur vermittelt in*

der Geschichte." (Georg Picht, zitiert aus Klaus Michael Meyer-Abich: *Aufstand für die Natur,* München und Wien 1990)

Die Verbindung eines Menschen mit einem gereiften Weizenfeld ist sein Hunger – existentiell der Hunger nach Brot oder essentiell der Hunger nach Schönem. Im Unterschied zu allen anderen Lebewesen auf Erden können wir die Welt diesem Entweder-Oder folgend erfahren. Wir tun und lassen etwas entweder aufgrund existentieller oder essentieller Erwägungen. Für alle anderen Lebewesen fallen diese beiden Bereiche im Welterleben und Handeln zusammen, dieses Entweder-Oder gibt es für sie so nicht. Die bei uns Menschen faktisch und prinzipiell gegebene Trennung in ein zweifach mögliches Welterleben liefert die Grundlage für das für uns typische Verhalten und Handeln. Es ist aber auch ein Durchgangstor zu einer besonderen, freien Tat, die uns damit implizit aufgetragen ist, nämlich das Entweder-Oder irgendwann durch ein in Freiheit gewolltes Sowohl-als-Auch hinter uns zu lassen. Die Fähigkeit zur Ein- und Übersicht kann zu einem Welterleben führen, das Zweck und Schönheit nicht mehr trennt. Darin liegt der Keimpunkt für jedes wirklich nachhaltige Verhalten, von dem wir allerdings noch reichlich weit entfernt sind.

Auf dem weiteren Weg unserer Entwicklung werden wir nicht umhinkommen, uns selbst ebenso in einer Evolution zu erleben und zu verstehen, wie wir das für alle anderen Lebewesen berechtigterweise auch tun. Für uns Menschen kommt allerdings hinzu, daß wir über die Einflüsse, die unsere Entwicklung und in der Folge auch die Entwicklung der ganzen Mitwelt beeinflussen, zu einem großen Teil selbst entscheiden. Mitweltlichkeit, wie ich sie verstehe, trennt vom großen Gang des natürlichen Lebens die Taten des Menschen nicht ab, sondern bemüht sich darum, diese Taten inklusiv als Teil der Evolution zu sehen. Klaus Michael Meyer-Abich [siehe Seite 21], der seit dem Ende des 20. Jahrhunderts Gedanken zu einem zeitgemäßen, adäquaten Mitwelterleben erschlossen hat, schrieb:

„Die Natur des Ganzen ist in uns Mensch geworden, und dies könnte naturgeschichtlich eigentlich eine besonders schöne und vielversprechende Entwicklung sein. (...) Im Menschen kommt die Natur zur Sprache." (Klaus Michael Meyer-Abich: *Aufstand für die Natur,* München und Wien 1990)

Könnte man auch sagen: Im Menschen kommt die Natur zu freien Taten? An anderer Stelle legt Meyer-Abich das nahe, indem er erläutert:

„Die Sprache, zu der die Natur im Menschen kommt, soll in meinem Verständnis auch die nonverbalen Sprachen der Malerei, der Bildhauerei,

der Musik und der Pantomime umfassen. Ich meine damit also nicht nur die Sprache der Worte, sondern das Medium der Kommunikation im weitesten Sinn, die Kultur in der Welt. Naturgeschichtlich ist Sprache die Fähigkeit zur Vererbung (Überlieferung) erworbener Eigenschaften. Sie erlaubt dadurch die enorme Beschleunigung der kulturellen Entwicklung relativ zur genetischen Evolution." (Klaus Michael Meyer-Abich: *Wege zum Frieden mit der Natur,* München und Wien 1984)

Wenn dem so ist, daß wir Menschen jene Lebewesen sind, durch die Natur gleichsam über sich selbst hinausgeführt werden kann – Meyer-Abich fragt konsequenterweise denn auch: *„Gibt es etwas, das in der Welt geschehen sollte und ohne uns nicht geschehen würde?"* –, entbindet das keineswegs davon, sich der natürlichen Grundlagen des Lebens sehr wohl bewußt zu sein. Im Gegenteil sollten wir uns im Angesicht unserer Möglichkeiten intensiv um eine Weltsicht bemühen, die das Leben der Welt nicht bloß als den eigenen Zwecken zu unterwerfende Funktion versteht. Mitweltlichkeit führt zu einem ganzheitlich-holistischen Welterleben, von dem sich der Mensch selbst nicht ausnehmen kann und wird. Gehen wir also davon aus, daß alle Evolution, die natürliche und die vom Menschen angestoßene, immer auch uns selbst betrifft. Wenn Mikroorganismen genetisch verändert zur Produktion von Treibstoffen gezwungen werden, hat das ebenso Folgen für jeden einzelnen von uns wie die zunehmende Verseuchung der Biosphäre mit von Menschen hinterlassenen Abfällen. Um welche Folgen es sich im einzelnen handelt, kann sich entweder als Ergebnis unverzögerter Einsicht oder in derzeit noch unvorstellbar großen Katastrophen ergeben. Auch darüber zu entscheiden liegt ganz bei uns!

Segen und Fluch des Menschseins für die Erde

Als Krone der Schöpfung, als Höhepunkt aller nur möglichen Entwicklung, wird der Mensch in vielen religiösen Schriften bezeichnet. Das bedeutet nichts weniger, als daß wir Menschen uns selbst so bezeichnet haben. Im Blick auf die bis heute für weite Teile der Erde und der Gemeinschaft der Lebewesen eingetretene Realität könnte man meinen, daß die Kreatoren der religiösen Menschenbilder den Verstand verloren hatten, bevor sie zur Feder griffen. Andernfalls müßten sie etwas im Sinn gehabt, am Menschen also wahrgenommen haben, was dem gewöhnlichen Anschauen weitgehend verborgen ist. Kann aber auch sein, daß wir Heutigen die einstmals, in urfernen Vergangenheiten getroffenen Aussagen nicht mehr richtig verstehen. Denn wenn wir es nur ernst nähmen, wenn wir uns als gekrönt und herausragend verhalten würden, wäre es mit der Rolle des Menschen auf Erden und auch mit ihr selbst ganz anders bestellt. Und gerade das ist das Phänomenale: Wir Menschen können uns tatsächlich fürsorgend, eben königlich, der ganzen Natur gegenüber verhalten. Dieses *Können* ist in einer echten Freiheit verankert, die der Dreh- und Angelpunkt allen menschlichen Daseins ist.

„Natur, die Lebenskraft in allem, erkannte sich durch uns auch in unserer Mitwelt wieder, in Tier und Blume, Baum und Stein. Wir sind es, die ihnen Namen gegeben haben und sehen können, wie das Ganze in ihnen erblüht oder lebendig wird und wie sie in die Welt gehören oder ihren Eigenwert im Ganzen haben. Die Welt wäre weniger gut und im Sinnlichen weniger schön, wenn es keine Sonnenblumen und keine Schildkröten, keine Birken und keine Schmetterlinge, keinen Wind, keine Sonne, keine Wolken und kein Meer gäbe. Wir sind es aber auch, die sehen können, daß nicht alles gut ist, was entstanden ist. Zwar hat fast alles Leben irgendwo sein Gutes, aber eine Welt ohne Pocken- und Malariaerreger wäre doch wohl wirklich besser als eine Welt mit ihnen. Und wir sehen auch sonst, daß durch uns manches in der Welt schöner werden kann, als es ohne uns wäre. (...) War nicht die Artenvielfalt, wie sie in Mitteleuropa noch am Anfang des 19. Jahrhunderts bestanden hat, eine Folge der Landwirtschaft, als diese noch Agri-Kultur war? Ohne uns hätte es in dem hiesigen Buchenklima statt der Äcker und Heiden, Wiesen, Weiden nur ein ziemlich eintöniges Waldland gegeben. Also kann eine Welt mit Menschen doch wohl schöner sein als eine Welt ohne Menschen? Auch mit uns ist es die Natur, *die sich entwickelt, denn wir sind von Natur; aber mit uns kann manches besser gelingen als allein mit den Elementen und den anderen Lebewesen, vor allem in der Kunst.“* (Klaus Michael Meyer-Abich: *Aufstand für die Natur*, München und Wien 1990)

Mit uns Menschen *kann* manches besser gelingen, und am Beispiel der Kunst wird dies gut verständlich. Aber dieses *Kann* weist auf jenen Freiheitsgrad hin, der den Menschen im Chor der Lebewesenwelt gleichviel zu einem Chancenbringer und Risikofaktor macht. Daß die Natur – wir selbst – in uns Menschen über sich hinauszuwachsen vermag, bedeutet auch, daß wir heutzutage bereits so weit gekommen sind, daß wir die ganze Evolution in einem Handstreich aus dem Kosmos verschwinden lassen können. Seit der Zündung der ersten Atombombe im Juli 1945 ist das drohende Realität, angesichts verschiedenster Technologien, die wir seither entwickelt haben, und deren Folgen eine stetig zunehmende, latente Gefahr.

Mein persönliches Bild vom Menschen ist trotzdem kein negatives, sondern, im Gegenteil, ein prinzipiell positives. Daß wir bisher mit der uns verliehenen Freiheit nicht gerade gut umgegangen sind, ändert nichts an der Großartigkeit der uns übertragenen Chance. Wir können nämlich durchaus auch ganz anders, als es die negativen Folgen unserer Taten vermuten lassen. Wir können tatsächlich die Welt verschönern und der Natur dienliche Wesen sein – wenn wir es denn wirklich wollen und uns in der Folge verbunden, nicht separiert, vom Ganzen erfahren. Freilich beruht das auf Voraussetzungen, die wir als solche zunächst erst einmal entdecken und hernach pflegen müssen. Und diese Entdeckung hat auch sehr viel mit uns selbst zu tun.

Leben zu Lasten anderen Lebens

Die Veränderungen der Welt, ihr Wandel umfaßt stets alles und alle. Auch wir selbst sind in die Ereignisse der Wandlung einbezogen und bringen sie sogar selbst mit hervor. Dafür wirkt ein Prozeß, der sich aus unserer Verbindung mit der Welt ergibt, in den wir existentiell immer einbezogen sind, solange wir im Hier und Jetzt leben und Bedürfnisse entwickeln. Hunger, Durst, Ermüdung, Wißbegier oder was auch immer – alles verbindet uns mit der Welt. Normalerweise ist es unser Wohlgefühl, das uns separiert sein läßt. Wir fühlen uns gesättigt, entspannt oder ausgeschlafen, ganz bei uns selbst. Dies ist dem Zustand der Gesundheit ähnlich, in dem wir unseren Leib, anders als während einer Erkrankung, nicht spüren. Demgegenüber steht jedes Bedürfnis.

In jeder Befriedigung eines Bedürfnisses dient uns irgendwer oder irgendwas in der Welt. Recht besehen ist jeder Moment dazu geeignet, uns darüber Klarheit zu verschaffen, daß wir allein, ohne die anderen Lebewesen und die Natur, nicht existieren können. Schon jeder Laib Brot weist daraufhin, denn die ganze Welt, die ganze Großartigkeit der Natur ist in ihm konzentriert. Ebenso weist er auf die Gaben anderer hin, die das Getreide gesät, geerntet und gebacken haben. Leben, das ist eine simple, gut zugängliche Erkenntnis, ereignet sich immer zu Lasten anderen Lebens. Eine ganzheitlich-holistische Sicht auf die Welt als Tor zu mitweltlichem Leben wird vor dieser Erkenntnis nicht zurückschrecken, sondern sie verinnerlichen und in die eigene Lebensart integrieren. Wir Menschen sind (und bleiben) niemals nur soziale, teilende Wesen, sondern zugleich auch solche, die antisozial und auf Kosten anderer leben. Das zu übersehen wäre außerordentlich naiv.

Nicht wenige Menschen macht es allerdings berechtigt traurig, wenn nicht sogar verzweifelt, daß ihr eigenes Leben immer die Inanspruchnahme und sogar die Zerstörung anderen Lebens voraussetzt. Wenn jemand mit einer vegetarischen bzw. veganen Ernährungsweise lebt, wird er aus seiner Sicht das Bestmögliche für die Akzeptanz tierischer Würde tun. Dennoch hat er damit die Grenze lediglich etwas weiter verschoben, die wir selbstverständlich achten, wenn es um das Wohl unserer eigenen Art geht. Aber ein vegetarisch oder vegan lebender Mensch ernährt sich. Ist es denn tatsächlich, mitweltlich betrachtet, wirklich beruhigend, wenn jemand Pflanzen tötet und Tiere verschont? Ein Mensch kann für sich zwar diesen Unterschied machen, an der Tatsache, daß Leben nur zu Lasten anderen Lebens bestehen kann, ändert das prinzipiell nichts.

Albert Schweitzer

Albert Schweitzer schrieb: *„Die Welt ist das grausige Schauspiel der Selbstentzweiung des Willens zum Leben. Ein Dasein setzt sich auf Kosten des anderen durch, eines zerstört das andere. (...) Auch ich bin der Selbstentzweiung des Willens zum Leben unterworfen. Auf tausend Arten steht meine Existenz mit anderen in Konflikt. Die Notwendigkeit, Leben zu vernichten und Leben zu schädigen, ist mir auferlegt." (Albert Schweitzer: Kultur und Ethik, München 1923)*

In diesen zerstörenden Prozeß führen uns unsere Bedürfnisse unweigerlich hinein. Es ist nicht möglich, dem auszuweichen. Wir nehmen in vielen Formen die Welt zu uns, ob als Ernährung, als Baustoffe für unsere Häuser und Maschinen, als Atemluft usw. Damit konsumieren wir anderes Leben, um das unsrige zu erhalten. Das für sich genommen wäre sträflich und mit nichts wiedergutzumachen, wenn wir nicht durch bewußte Dankbarkeit und wohlerwogenes Handeln unseren eigenen Beitrag zum Fortgang der Welt leisten würden. Der aktiv in unserem Handeln gewollte Wandel aller Welt ist ein Ziel, zu dem wir als bedürftige Wesen durch unseren Konsum geleitet werden. Das lindert zwar nicht den Schmerz, erleichtert aber seine Integration.

Eins und alles zugleich

Die Überlegenheit unserer Art beruht auf unserer ausgezeichneten Fähigkeit, über die Welt und das Leben nachdenken zu können. Anders als die anderen Lebewesen auf Erden sind wir dazu in der Lage, uns Vorstellungen zu bilden, mit denen wir die Welt erklären und für uns handhabbar machen. Alle technischen und kulturellen Entwicklungen und Errungenschaften beruhen darauf. Allerdings können wir bei genauerem Hinsehen nicht davon ausgehen, daß das Bild, das wir uns von der Welt gemacht haben, selbiger exakt entspricht. Wir leben sehr weitgehend immer nur in *unserem eigenen* Bild der Realität. Die Realität selbst haben wir damit gerade mal näherungsweise verstanden.

„Alles, was wir von der Welt zu wissen glauben, ist ein Modell. Jedes Wort und jede Sprache ist ein Modell. Alle Karten und Statistiken, Bücher und Datenbestände, Gleichungen und Computerprogramme sind Modelle. Es sind Wege, wie ich die Welt in meinem Kopf verbildliche – meine mentalen Modelle. Nichts davon ist oder wird jemals die reale Welt sein.“ (Donella H. Meadows: *Thinking in Systems*, London 2008)

Müssen wir an diesem Punkt resignieren und bekennen, daß uns die *eigentliche* Welt auf immer verschlossen bleibt und wir sie stets nur in einem Bild, einem Gleichnis, einem Modell berühren?

Modelle nahe der Wirklichkeit?!

Die Modelle, die wir für unser Verstehen der Welt geformt haben, repräsentieren die Welt nur ansatzweise. Wir kommen mit unseren Vorstellungen der erlebten Realität zwar nahe – und mit fortschreitender Entwicklung immer näher –, von einer exakten Überstimmung sind und bleiben wir vermutlich aber immer noch relativ weit entfernt. Das wird besonders bei alltäglichen Erfahrungen vom Leben und von der Natur bald deutlich. Darauf bezogene Modelle folgen mehr den Gewohnheiten als der ungebrochenen Bereitschaft zu ständigem (Neu-)Lernen. Darum machen wir Fehler und geraten über manche Erfahrungen, die wir zunächst nicht verstehen, in Erstaunen, denn zuweilen ungewöhnliche Erlebnisse übersteigen eben in aller Regel unsere auf Gewohnheiten gegründeten Erwartungen.

Wenn es z.B. darum geht, für unsere erste Einschätzung unlösbar erscheinende Aufgaben zu bewältigen, müssen wir unser Denken an einem sehr zentralen Punkt ändern.

„Es ist eine große Kunst zu erinnern, daß Grenzen nur aufgrund unserer eigenen Taten bestehen, und daß sie für jede neue Diskussion, Problem oder Zweck im Rückblick erkannt werden können und sollen. Es ist eine Herausforderung, dafür kreativ genug zu sein, die Grenzen zu überwinden, die für das letzte Problem maßgeblich waren, und die am meisten wahrscheinliche Kombination von Grenzen für die nächste Frage zu finden. Das ist eine Notwendigkeit, um Probleme gut zu lösen." (ebd.)

Wir müssen demnach Grenzen überwinden, die wir uns fortwährend selbst ziehen, um überhaupt erkennende Wesen sein zu können. Anders gesagt: Unser Verhältnis zur Welt wird über eine Grenze reguliert, die uns das „Hier bin ich und da bist Du" erleben läßt. Ist es möglich, ohne diese Unterscheidung auszukommen und trotzdem das Selbsterleben zu bewahren? Den dauernden Prozeß der Veränderung und Wandlung, der das Leben bestimmt, können wir nur so weit wirklich (das heißt mitweltlich) erfassen, wie es uns gelingt, die Trennung von Ich und Du zu überwinden. Die Zweiheit von Außenwelt und Innenwelt wird um die Mitwelt zur Dreiheit erweitert. In ihr fallen die Außenwelt und die Innenwelt zusammen, den Gegensatz gibt es dann nicht mehr. Mitweltliches Erleben setzt voraus, daß wir unseren gewohnten Erfahrungs- und Erkenntnishorizont (das ist *die* Grenze!) in Frage stellen. Auch darum ist Mitweltlichkeit in unserer vom Egoismus getriebenen Zeit noch kein besonders hervorstechendes Verhaltensmerkmal des Menschen.

Vom Ganzen zum Teil

Mit unseren gehirngebundenen Vorstellungen erfassen wir niemals die „wirkliche Wirklichkeit" und schaffen uns selbst faktisch Grenzen, die es in Wirklichkeit als solche nicht gibt. Um dem eigenen Leben eine Struktur zu geben, die für die Leistungskraft von entscheidender Bedeutung ist, ziehen wir eine Grenze zwischen Tag und Nacht, zwischen Arbeitszeit und Freizeit. Um eine eigene Kultur des Zusammenlebens entfalten zu können, definieren wir unseren sozialen Umkreis, indem wir eine Grenze zwischen selbigem und dem Rest der Welt errichten. Diese Grenzen, die ich hier beispielhaft erwähnt habe, existieren in Wirklichkeit aber nicht bzw. nur für den bloß vorstellenden Menschen – und demnach in jener Realität, für die ich selbst aufgrund meiner eigenen Entschlüsse und Taten ursächlich verantwortlich bin. Wie verhält es sich dann mit dem Verhältnis des Ganzen zum Teil?

Als Rudolf Steiner [siehe Seite 25] damit begann, das erste Kollegium für den Unterricht an der neugegründeten ersten Waldorfschule auszubilden, regte er auch für den Rechenunterricht ein besonderes Vorgehen an. Man solle zu Beginn immer vom Ganzen zum Teil gehen, nicht umgekehrt. Das bedeutet, daß man z.B. lehrt: 2 = 1 + 1 und nicht 1 + 1 = 2. Obwohl das Ergebnis der Operationen das gleiche ist, ist der Weg dorthin auch qualitativ ein anderer. Rudolf Steiner hob seinerzeit erläuternd hervor, daß ein Rechnen, bei dem vom Teil zum Ganzen fortgeschritten wird, egoistisches Verhalten und ein materialistisches Weltverstehen begünstigen würde.

Daß das Ganze etwas anderes als die Summe seiner Teile ist, wird auch anhand des Verhältnisses der Worte zu den Buchstaben deutlich: Buchstaben bilden keine Worte, sondern sind aus ihnen ableitbar. Es ist keineswegs unerheblich, wie herum wir die Welt erklären, denn das eine wie das andere führt zu jeweils unterschiedlichen Konsequenzen. Das gilt nicht nur für die Natur, sondern auch für das Verhältnis von uns Menschen zueinander. Eine Gesellschaft kann durch einzelne Individuen und deren Taten bestimmt gedacht werden. Dann käme es auf die größtmögliche Leistung einzelner zum Wohl der Gemeinschaft an. Oder die individuelle Entwicklung und Entfaltung wird als Aufgabe der Gemeinschaft gedacht, die zuerst da ist und in der sich Individuen als deren Glieder wiederfinden. Die beiden Möglichkeiten geben als Ideen ziemlich genau wieder, was als liberale oder sozialistische Auffassung bis dato Politik bestimmt. Welchen der beiden Ansätze wir präferieren, hängt vermutlich – wenn man dem Beispiel der Waldorfpädagogik folgt – auch davon ab, *wie* wir als Kinder gelernt haben.

Das Ganze als Summe vieler Teile zu verstehen wertet die Bedeutung der Vielfalt ab, in der jedes Teil wiederum ein Ganzes darstellt. Es entfremdet darum von der Erfahrung der Wirklichkeit und beschränkt auf jenen Bewußtseinsanteil, in dem wir lediglich ein subjektives Bild der Wirklichkeit erleben. Für letztere hat der österreichisch-ungarische Schriftsteller Arthur Koestler den Begriff „Holon" (griechisch: ὅλος, *hólos* und ὀν, *on* „das Teil eines Ganzen Seiende") geprägt: Jedes Lebewesen ist ein Ganzes, das aus dem Ganzen der Lebewesenwelt abgeleitet verständlich wird, aber auch jede Zelle wird als Teil eines Körpers verständlich oder jeder Baum als Teil des Waldes. Zelle, Körper, Baum und Wald sind jeweils auch ein Ganzes (ein Holon). Die Vielfalt, in der die Welt in Erscheinung tritt, ist ein Ganzes, aus dem Teile abgeleitet werden können, die wiederum jeweils ein Ganzes sind. Die Erfahrung des Ganzen ist möglich, auch wenn sie sich außerhalb des an das Gehirn gebundenen Denkens ereignet. Zur Erfahrung dieser Wirklichkeitsebene der Welt sind wir fähig, es kommt allerdings auch darauf an, daß wir dieser Fähigkeit nicht durch falsches Lernen verlustig gehen.

Jede Überlegung wird indes anders verlaufen, jede Entscheidung in eigener, charakteristischer Weise begründet sein, wenn von einem mitweltlich-holistischen Welterleben ausgegangen wird: Die Verantwortung als Brücke zwischen Mensch und Welt wird nämlich klar erlebt. Keine meiner Taten, die ich als Mensch vollbringe, ist jemals ohne Zusammenhang und Folge für das Ganze der Welt. Umgekehrt gilt auch, daß kein Ereignis im Weltzusammenhang ohne Folgen für alle und alles bleibt. Wenn das erlebt wird, findet sich jedes menschliche Selbstbewußtsein in seinen Tiefen mit dem Gewahrsein des großen Ganzen verknüpft, aus dem lebendig alles und jedes abgeleitet werden kann.

Verantwortlich handeln

„Measure twice, cut once" pflegte ein Kanadier gern zu sagen, mit dem ich beim Hausausbau zusammengearbeitet habe. Wenn ein Brett erst einmal durchgesägt ist, läßt sich das nicht wieder rückgängig machen. Das gilt exemplarisch für jede unserer Handlungen: getan ist getan; die Folgen sind unabänderlich. Zu ebendieser Grundeinsicht führt das mitweltlich-holistische Welterleben unweigerlich hin. Und: Alle Taten geschehen immer in einem Kontext, der realiter die ganze Welt ist.

Nun ist es nicht schwer, sich beim Bedienen der Kappsäge auf einer Baustelle der Folgen seines Handelns bewußt zu sein und zu bleiben. Anders verhält es sich mit Gedanken an die Tatsachen, die mit dem Hausbau an sich geschaffen werden. Oder mit den Folgen der Erwerbstätigkeit, des alltäglichen Konsums, der Freizeitgewohnheiten usw. Ist denn ein einigermaßen unbeschwertes Leben unter solchen Voraussetzungen überhaupt noch möglich? Ist es um der eigenen Lebensfreude willen nicht viel besser, möglichst wenig über die Folgen des eigenen Handelns, ja, des Lebens überhaupt zu wissen? Merkwürdig an diesem vermutlich unschwer nachvollziehbaren Gedankengang ist, daß wir Menschen der faktischen Verantwortung für unser Leben auf Erden offenbar so weit entfremdet sind, daß es uns schwerfällt, sie in ihrer eigenen Art als solche anzunehmen. Schwer wiegen die dadurch auftauchenden Fragen, die allerdings unausweichlich geklärt sein wollen. Anders werden wir unserer Rolle als Menschen in der Gemeinschaft der Lebewesenwelt nicht bewußt.

„Die Welt wieder so zu verlassen, als wären wir gar nicht dagewesen, ist nicht möglich, vor allem aber nicht der Sinn des menschlichen Lebens

in der Naturgeschichte. Im Gegenteil: Wozu wären wir da, wenn eine Welt mit Menschen nicht sogar anders sein soll als eine Welt ohne Menschen? Ich halte es für ganz falsch, uns jeglicher Veränderung möglichst enthalten zu wollen. So gut ich verstehe, daß angesichts der durch die Industriegesellschaften verursachten Zerrüttung der natürlichen Mitwelt viele meinen, der Mensch sei wohl doch nicht dazu geschaffen, etwas Gutes in die Welt zu bringen: Diese Folgerung kann ich mir nicht zu eigen machen. Nachdem wir es mit der Weltveränderung in den vergangenen zweihundert Jahren so dumm angefangen haben, wie es in Zukunft ja nun wirklich nicht weiter zu gehen brauchte, sehe ich überdies keinen Grund zur Resignation." (Klaus Michael Meyer-Abich: *Aufstand für die Natur*, München und Wien 1990)

Daß alles und alle in erster Linie in einem Ganzen zusammengehören, aus dem heraus erst einzelne Wesen und separierte Seinsformen abgeleitet werden können, wird gegenwärtig glücklicherweise als Idee immer populärer. Der buddhistische Mönch Thích Nhất Hạnh prägte den Begriff „Interbeing", der aber für mein Verständnis etwas grundsätzlich anderes ist als die Mitweltlichkeit, wie ich sie verstehe. Es ist das eine, darum bemüht zu sein, das Ganze zu erleben; etwas anderes ist es, darin die Erfahrung des eigenen Selbstseins nicht zu verlieren. Zum Erfahren des Interbeing leitet die Natur gelegentlich von selbst, sofern wir ihr essentiell erlebend begegnen, also unsere existentielle Bindung an das Leben ein Stück überwinden. Darin erfahren wir uns aber im äußersten Fall als einzelner Mensch nicht mehr. Das Tiefenerleben der Natur vermittelt zwar einen Eindruck vom Ganzen, die Erfahrung des Menschseins können wir darin indes nur finden, wenn wir selbst darum bemüht sind und bleiben. Mitweltlich-holistisches Welterleben stellt einen grundsätzlich anderen Ausgangspunkt für die Erfahrung unserer selbst dar. Sind wir es bislang gewohnt, unser eigenes Sein gerade dann und dort zu erleben, wo wir an einer Grenze ein Hüben und Drüben postulieren, gibt es das dann so nicht mehr. Unser Selbst wäre darin aufgelöst, wenn wir uns

Thích Nhất Hạnh

nicht auf eine neue Weise als individueller Mensch aus dem Ganzen heraus erkennen würden. Das konnte bisher nur als mystische Erfahrung bezeichnet werden.

Auf dem Weg der Wandlung sich selbst neu verstehen

Bezeichnend für unsere Jetztzeit ist, wie die Wandlungen der Welt auch uns selbst erreichen. Das Ganze verändert sich. Wirksam sind darin natürliche Prozesse und ebenso auch solche, die auf Entwicklungstatsachen beruhen, die wir Menschen selbst ausgelöst haben und forcieren. Ziel der letzteren kann sein, sich mit den natürlichen Prozessen sinnvoll-systemisch zu vereinen. Dann würde die Welt durch etwas originär Menschliches bereichert. Oder aber alle Welt und alles Leben geht zugrunde. Über die weitere Entwicklungsrichtung zu entscheiden liegt ganz bei uns – und das ist das eigentlich Neue.

Sofern wir unsere im Selbstbewußtsein begründeten gedanklichen Möglichkeiten bisher darauf verwendet haben, die Welt nach eigenen Vorstellungen und den eigenen Zwecken folgend zu verändern, ist es nun höchste Zeit, innezuhalten und darauf zu blicken, was wir im Laufe unserer Geschichte zustande gebracht haben. In der immer mehr verstärkten Separation haben wir, sozusagen blindwütig, immer weniger an das Ganze gedacht, wenn wir damit beschäftigt waren, die Teile zu bearbeiten. Die Forderung nach Ergebnissen hat das Bewußtsein von den Folgen zunehmend verstellt.

Nun haben wir mit diesen Folgen zu tun. Gefahren und Chancen finden sich dicht zueinandergerückt. Es ist, als würden wir über diese Nähe heilsam erschrecken, denn die Zahl derer, die aus dem Weiter-So ausscheren, nimmt zu. Ebenso nehmen Sichtweisen zu, die auf das mitweltlich-holistische Welterleben hinweisen; Sichtweisen, die nicht zuerst aus spirituellen Erfahrungen hervorgehen, aber letztlich doch zu ihnen leiten. Daß Materie Geist ist und umgekehrt, braucht man heutzutage nicht mehr zu glauben, denn man beginnt es immer besser zu wissen. Und genau darin liegt eine wunderbare Chance für ein Erleben der Welt, das nicht mehr trennt, weil es sich verbunden weiß.

Ich habe im Kapitel „Schwellenübergang“ [siehe Seite 39] darauf hingewiesen, daß wir heute von Sachverhalten und Zusammenhängen *wissen*, die man vor gar nicht so langer Zeit noch bloß als Glaubensinhalt bezeichnet hätte. Dafür habe ich drei Beispiele genannt: Die Grundlagen des Lebens sind aus einem Übersinnlichen heraus verständlich; es gibt keine Naturgesetze, sondern allenfalls Naturphänomene; und jedes Leben ist absolut einzigartig. Vor diesem Hintergrund findet sich unser Verhältnis zum Leben, das wir persönlich erfahren, bereits verändert, noch bevor wir – zweitens – mitweltlich, also tiefenökologisch empfinden. Wenn wir, in die Ereignisse weltweiten Wandels einbezogen, uns selbst nicht vergessen, werden wir – drittens – zu einer gänzlich neuen Erfahrung unserer selbst geleitet werden: Wir können tatsächlich unseren Bedürfnissen folgend – und zwar *bewußt als Menschen* – handeln, ohne zu vergessen, daß und wie wir mit dem Ganzen verbunden sind, und das, weil wir es selbst so wollen. Darin verändern wir Menschen die Welt. Sie erfährt eine Prägung, die originär, also in dieser Weise nur durch uns, möglich wird. Gleichzeitig erfahren und erkennen wir uns darin selbst – als Menschen im Chor der Lebewesenwelt.

Erwarten statt erzwingen

Bemerkenswert an unserem Umgang mit dem Leben ist, daß wir relativ schnell darauf aus sind, alles irgendwie voranzutreiben. Kinder sollen schneller lernen, Ölquellen mehr hergeben, Aktien immer teurer werden, Früchte schneller reifen, Grundstückspreise steigen. Darauf, daß das alles auch so eintritt, ist unser Handeln ausgerichtet. Lernt ein Kind nicht, was wir von ihm erwarten, wird es irgendwann für lernbehindert erklärt. Werden die angebauten Früchte nicht im erwarteten Tempo reif oder legen die kasernierten Hühner nicht erwartungsgemäß viele Eier, werden wir ihnen unsere Aufmerksamkeit und Zuwendung entziehen. Mehr, und immer mehr, soll es ein.

Jene Welt, um die es der vorherrschend ökonomischen Sicht geht, soll immer wertvoller, also teurer werden. Sie ist käuflich – und soll es auch bleiben. Gut für Geld! Damit ist die Teilhabe an ihr für immer weniger Menschen möglich, die gewissermaßen zu einem Kreis von Erlauchten avancieren. Im Flensburger Heft 123, *Arm und Reich – die Spaltung von Welt und Leben,* habe ich im Kapitel über „Die Gewinner-nehmen-alles-Ökonomie" diese von Menschen selbst geschaffene künstliche Weltsphäre beschrieben. Es geht um Geld, viel Geld: *„Hast Du nichts, bist Du nichts!"* Sogar eine Daseinsberechtigung glauben wir von solchen Erwartungen ableiten zu können, die wir nicht nur auf Dinge, Pflanzen und Tiere beziehen, sondern mittlerweile sogar auch auf unsere Mitmenschen.

Wenn etwas nicht produktiv und/oder rentabel ist, wird es in der gegenwärtigen Gesellschaft schnell ausgegrenzt, vergessen oder gar aktiv eliminiert. Wir haben für das Leben gewaltige Gegenbilder geschaffen, an denen wir erwachen müssen – und vor allem auch können. In härtester Konfrontation werden wir dann des Eigentlichen, Einfachen, Lebendigen gewahr.

Der kluge Gärtner weiß, daß es unsinnig und für die Pflanzen sogar schädlich ist, immer mehr zu düngen. Eine unbegrenzte Leistungssteigerung ist dem Leben fremd. Was statt dessen in einem guten Garten oder Bauernhof, einer guten Schule, Ehe, Familie oder Firma tragendes Element aller Motivation ist, ist ein freilassendes Erwarten ohne jeden Druck. Etwas einfach erwarten zu können ist in unserer heutigen Zeit unter normalen Alltagsbedingungen allerdings schon fast unmöglich geworden. Damit haben wir die Haltung verloren, die die wesentliche Grundlage für unser Erlebnis der Verbundenheit liefert. Statt glücklich das Sein zu erleben, beklagen wir, unglücklich und immer unglücklicher, das allerorten gegenwärtige Noch-Nicht. Wir haben unsere Sinne auf einen Mangel hin orientiert, den wir fortwährend selbst produzieren. Erlahmen wir in dieser fragwürdigen Produktivität, wähnen wir uns bald im Gefühl der Sinn- und Bedeutungslosigkeit. Genug ist uns Heutigen nie und noch lange nicht genug?!

Von den Menschenrechten zur Mitweltlichkeit

Wir wissen heute, daß es auf Erden früher ganz anders aussah. Manches hat sich im Laufe der Entwicklung gravierend verändert. Bestimmte Lebewesen gibt es nicht mehr, andere waren früher noch nicht da. Und auch der Mensch hat sich in seinem ganzen Wesen seit seinem ersten Auftreten auf unserer Planetin verändert. Er ist mutmaßlich klüger, geschickter und zahlreicher geworden.

Was aber ist eigentlich mit dem „hat sich verändert" gemeint? Gibt es zu allem und jedem eine Art Wesen, das hinter, neben oder über allem existiert? Gibt es so etwas möglicherweise tatsächlich, was Johann Wolfgang von Goethe [siehe Seite 23] einst Urpflanze genannt hat, etwas, dem alle Teile als zu einem Holon zugeordnet sind? Wenn es so etwas für uns Menschen gäbe, also einen Urmenschen, der nicht als die erste Form unserer Art zu verstehen ist, sondern als geistige Seinsform neben allen sich verändernden Formen irdisch-sichtbaren Menschseins, wäre das eine Idee, eine geistige Realität, die als Einheit in vielfältigen Existenzen auch unserer Art erscheint.

Wenn wir also zum Beispiel „Mensch" sagen, was meinen wir dann? Eine im Raum-Zeitlichen begrenzte einzelne Existenz, eine Idee, die, ausgehend von Vielfalt und Differenzierung, als theoretische Summe alles bis dato Möglichen gedacht werden kann? Vielleicht ist es gegenwärtig noch relativ kühn, in Zukunft eventuell aber Ergebnis allgemein zugänglichen Erwägens, wirklich von einem Menschen-Holon zu sprechen. Seit im 18. Jahrhundert die Bezeichnung „Homo sapiens" auftauchte, wird damit schon nicht mehr nur ein Individuum, sondern eine ganze Gruppe von Lebewesen bezeichnet. In der Anwendung dieser Bezeichnung auf uns selbst wissen wir, daß wir nicht nur uns selbst, sondern zugleich auch alle anderen, zu allen Zeiten, meinen, die unserer menschlichen Art angehörig sind. Das ist mindestens erstaunlich, und z.B. für Menschen des Mittelalters so noch nicht denkbar gewesen. Das Verständnis vom Menschen hat sich vertieft, wie auch die Erkenntnisse von Welt und Leben immer weiter reichende sind.

Die große Herausforderung besteht allerdings darin, mit den Handlungen nicht hinter das so erweiterte Bewußtsein zurückzufallen. Wenn vom Menschen an sich die Rede ist – meinetwegen noch als Theorem, als übergeordnete Abstraktion –, können Recht und Verantwortung beispielsweise nicht nur auf bestimmte Gruppen oder Gesellschaften beschränkt sein. Dann gelten nicht allein nationale Verfassungen, sondern allgemeine Menschenrechte, die allen anderen Regelungen überzuordnen sind. Und in der Tat hat sich in den zurückliegenden Jahrzehnten ein entsprechendes Rechtsverständnis, zumindest als Anspruch, entwickelt.

Und nun bedenken Sie einmal, wie ebendiese Idee von allgemeinen Menschenrechten seit gut fünfzig Jahren unter uns Menschen, bereits kulturschaffend und Gesellschaften verändernd, anfänglich wirksam war. Vermutlich sind heutzutage nur noch wenige Menschen nicht dazu in der Lage, sich vom Grundsatz her menschheitlich zu fühlen. Aber wie weit sind wir dennoch von einer ausgreifenden Mitweltlichkeit entfernt? Wir Menschen beanspruchen für uns, Angehörige einer Art zu sein, die sich, ihrer Zugehörigkeit bewußt, respektiert und umeinander besorgt sein will. Dafür gibt es gute, nicht schwer nachvollziehbare Gründe. Es gibt aber keine guten Gründe dafür, die Natur nicht auch als Ganzheit zu verstehen. Es liegt ganz und gar nicht nahe, die Ganzheitlichkeit in Respekt und Fürsorge auf die Menschengemeinschaft zu beschränken. Im Gegenteil: Zu allen Urformen und Formen des Seins gehört auch das Holon *Welt*, das nicht weniger Wesen ist als Sie und ich. So könnte uns der erlebte Mangel an Respekt und Empathie untereinander, dem wir gegenwärtig mit allgemeinen Menschenrechten begegnen, zu einer Haltung leiten, aus der heraus wir schließlich die Welt als Ganzes entdecken: *Mitweltlichkeit würde bewußt als Prinzip des Lebens entdeckt!*

Nicht mehr alles ist machbar

Wenn noch vor wenigen Jahrhunderten von der Welt die Rede war, verstand man darunter den unmittelbaren irdischen Umkreis. Nach und nach wurden die Menschen sich ihrer Nachbarschaften bewußt, erforschten die Vielfalt des Lebens und machten sich ein Bild vom Universum. Gedanklich gehen wir heute sogar noch darüber hinaus, indem wir von Welten sprechen, die jenseits der uns bekannten Dimensionen sind und damit außerhalb des uns bekannten Universums. Wenn früher noch über die Möglichkeiten des Lebens auf anderen Planeten nachgedacht wurde, kreisen die Gedanken der Wissenschaftler heutzutage um gänzlich andere Seinsformen, Parallelwelten, die möglicherweise sogar die unsrige durchdringen, ohne daß uns davon alltäglich etwas zum Bewußtsein kommt.

Mit zunehmenden Erkenntnissen über die Grundlagen von Welt und Leben hat sich auch das Tempo der Veränderungen der Welt durch Menschenhand beschleunigt. Was dem Bewußtsein zugänglich wurde, konnte der Mensch bald auch verändern. Daraus wurde sogar der eigene Antrieb, daß jede Erkenntnis zugleich auch Veränderungswillen befeuert: Es genügt nicht, den Meeresgrund einfach zu erforschen, wenn man dort nicht irgendwann auch Rohstoffe fördert. Das genetisch verstandene Lebewesen wird man manipulieren, die erforschte Ergonomie des Vogelflügels zum Anlaß dafür nehmen, Flugzeuge zu optimieren, erkannte Verhaltensweisen manipulativ für die Zwecke von Politik und Marketing nutzen usw.

Erkenntnisse gleich welcher Art werden nur allzu schnell in den Willen transponiert, der darauf aus ist, *etwas* mit dem Verstandenen anzufangen. Das aber sind Ketten, mit denen wir uns selbst gegenseitig an Felsen schmieden.

Von einem bestimmten Moment an haben die Veränderungen durch den Menschen rapide zugenommen. Der sich der Folgen seines Handelns bewußte Gärtner wird nur das und in solchem Umfang im Garten tun, was den Pflanzen zum Wohl ist und guttut. Seine Taten werden moralisch gedeckt sein – um der Pflanzen, mittelfristig aber auch um seiner selbst willen, denn ein ausgelaugter oder überdüngter Boden gefährdet auch seine Existenz. Um den Moment zu erfassen, von dem an menschengemeinschaftlich Handeln und Moral voneinander getrennt waren, können drei Tatsachen benannt werden. Sie kennzeichnen die Etappe, auf der wir uns evolutiv als Menschen derzeit befinden, als Schwellenzeit: Wir wissen, daß die Welt endlich ist, daß wir sie zerstören können und daß es möglich ist, Lebensformen in ihren Grundfesten zu manipulieren. Diese drei Entwicklungsgrade wurden in einem Zeitfenster von wenigen Jahrhunderten erreicht. In der Folge stehen wir zwar als gänzlich freie Menschen da, aber wir sind zugleich auch endgültig mit all den Chancen und Gefahren konfrontiert, die das mit sich bringt.

Die Folgen unseres Handelns sind zu weit ausgreifenden geworden. Unsere Zivilisation verändert die Welt nicht nur, sie bedroht sie sogar. Manches des seit gut einhundert Jahren aus Menschentaten Hervorgegangenen ist nicht mehr Teil der natürlichen Welt und wird es auch nie sein. Wir schaffen Elemente, die es ohne uns auf Erden nicht geben würde, hinterlassen hochgiftige Abfälle, betreiben lebensfremde Techniken und schaffen Formen des Zusammenlebens und Zusammenarbeitens, für die es keine natürlichen Entsprechungen mehr gibt. Mindestens das alles kann man mit dem Prädikat „typisch Mensch“ versehen. Das wirklich Dumme daran ist zudem, daß wir viele der von uns geschaffenen Tatsachen nicht mehr beherrschen. Sie haben ein Eigenleben entwickelt, das uns mittlerweile auch selbst bedroht. Systeme formen, beherrschen, bedrohen und vernichten uns. Oft begegnen wir diesen ganzen Schreckensszenarien mit einem herzhaften „Das-will-ich-Nicht“. Mitweltlich ist das aber nicht genug. Diese ganzen Fürchterlichkeiten gehören nämlich auch zur Welt. Wenn wir das verleugnen, wenn wir diesen ganzen Kummer und Frust aus unserer Zuwendung zum Leben ausgrenzen und nicht auch den Schmerz integrieren, können wir uns zwar sentimental in den auserkorenen Rückzugsgebieten des Lebens noch relativ gut einrichten, aber wirklich und wahrhaftig im Sinne einer umfassend verstandenen Mitweltlichkeit ist eine solche Einstellung nicht. Wir würden uns im bloß vermeintlichen Verschontsein wiegen, während wir zugleich Gefangene der Folgen unseres eigenen Handelns bleiben!

Von der Separation zur Erfahrung der Verbundenheit

In den 1970er Jahren war die Zeit reif, von einer Gewalt zu sprechen, die auch von Systemen ausgeht. Nicht mehr nur der Faustschlag ins Gesicht eines Mitmenschen, nicht mehr nur der Bagger, der die Erde aufreißt, stehen seitdem für ausgeübte Gewalt. Es sind vor allem auch Regeln, Fakten, Organisationen, Arrangements, von denen Gewalt ausgeht. Johan Galtung ging dieser Tatsache wissenschaftlich forschend auf den Grund und sprach das Übel erstmals offen aus. Seitdem verfeinert sich das Bild von diesen Fremdgewalten. Es wurden Methoden dafür entwickelt, sich mit ihnen zu arrangieren, sie weiter zu modulieren. Die Erkenntnis, daß sie nicht zu leugnen sind, daß auch sie zu einem

Johan Galtung

grundsätzlichen Teil der Welt geworden und darum auch nicht mehr zu beseitigen sind, gilt als nahezu sicher.

Eine andere Welt, von der aus unser Leben maßgeblich beeinflußt wird? Unwirtliche Lebensbedingungen oder paradiesischer Genuß, die sich für jeden Menschen, je nach erreichtem Status, daraus ergeben? Ein Ansehen der Persönlichkeiten, das nicht aus Barmherzigkeit, Güte und Vergebung resultiert, sondern aus ehernen Gesetzen von Ursache und Wirkung bzw. von Schuld und Unschuld? Aus dem Kontext dieses Buches gelöst möchte man nicht meinen, daß es sich um soziologische Tatbestände handelt. Man würde eher vermuten, es ginge um die Parameter des Weltbildes einer kruden, anachronistischen Theologie. Aber über das Unsichtbare, das über die menschlichen Möglichkeiten Erhabene, über die konstruktiven Grundlagen und Spielregeln hinter dem Hier und Jetzt wird nicht mehr nur in Tempeln und Kirchen befunden. An einer übermenschlichen, übersinnlichen, ja überirdischen Welt kann heutzutage nicht mehr gezweifelt werden, auch wenn darunter im populären Sinne etwas gänzlich anderes zu verstehen ist, als es in den Theologien alten Glaubens noch gemeint war.

In der Enge der gefährlichen Gegenwart wird der Ausblick auf eine ganz andere Weltwirklichkeit zugänglich, die sich erschließt, wenn wir unsere Aufmerksamkeit darauf richten. Daß von Systemen Gewalt, fürchterliche Gewalt ausgeht, wissen wir inzwischen. Daß von ihnen auch Lebensförderndes, Schönes und Gutes ausgehen kann, können wir spätestens ab jetzt lernen. Das Eins-zu-Allem will entdeckt und verstanden werden. Kurioserweise sind es Gegenkräfte, die dorthin leiten. Das der Mitweltlichkeit Widerstrebende entpuppt sich, wenn wir es denn so wollen, wiederum als *„Kraft, die stets das Böse will und stets das Gute schafft."*

Was läßt die Welt Apfel, Wasser, Schneesturm, Buchfink oder Herz sein? Was läßt den Bären brummen und den Menschen von sich selbst wissen? Was kombiniert Materie, Energie und Information jeweils so wunderbar, daß sie zu einer bestimmten Form und Art des Seins werden, die sich noch dazu absolut passend zu allem anderen verhält? Die Antwort darauf in Worten geben zu können ist weniger wichtig als das Staunen als Grundhaltung im Wahrnehmen der Welt, das diese Dimension überhaupt erst erleben läßt. Bemerkenswert ist, daß Menschen, denen diese Erlebnisschicht zugänglich wurde, zu der verblüffenden einen Antwort finden: „Ich!" Aber dieses „Ich" ist eines, dem wir mitweltlich fühlend erst begegnen werden, das wir von vornherein erst werden, also so noch nicht sind. Von allem Ballast des Vordergründigen und Alltäglichen befreit, dient das Ich dazu, sich nicht separiert, sondern verbunden zu erfahren, so daß im Eins zugleich das Alles gegenwärtig wird. Daraus resultiert schließlich konsequent auch eine gänzlich andere Haltung im Umgang mit dem Leben und mit der Welt.

Umdenken und anders wahrnehmen

Besonders in den Jahren von 1904 bis 1910 hat Rudolf Steiner [siehe Seite 25] in drei seiner grundlegenden Schriften eine Methode im Erfahren und Erkennen der Welt angeregt, die den Mitwelt-Begriff – aus heutiger Sicht betrachtet – ausdrücklich tiefenökologisch definiert. Lange vor der Zeit der Debatten um dringend gebotene Nachhaltigkeit, Interbeing und Postwachstumsökonomie wurde im anthroposophischen Kontext dazu angeregt, eine grundsätzliche Verbundenheit von allen und allem erleben zu lernen. Auch weil die Naturwissenschaft zu Beginn des 20. Jahrhunderts diese Tatsache noch nicht zum Gegenstand der Forschung und zur Grundlage ihrer Modelle zur Erklärung der Welt gemacht hatte, konnte man diesen erkenntnistheoretischen Ansatz abwertend-polemisch noch als „bloß esoterisch" bezeichnen. Die Bedeutung für eine spirituelle Entwicklung wurde von Rudolf Steiner ausdrücklich hervorgehoben, indem mitweltliche Zuwendung von ihm als Ziel des anthroposophischen Schulungsweges bezeichnet wurde.

Es geht in der so verstandenen Anthroposophie darum, die Geste des Erwartens im Erfahren und Führen des Lebens zu kultivieren. Nicht um bestimmter Erkenntnisse oder Ergebnisse willen solle man so oder so mit der Welt umgehen, sondern sich so verhalten, daß die Welt zum eigenen Erleben sprechen kann.

„Denn darauf kommt es an, daß ich nicht in bloßer Willkür mir Anschauungen schaffe, sondern darauf, daß die Wirklichkeit sie in mir erschafft. Aus den Tiefen meiner eigenen Seele muß die Wahrheit hervorquellen; aber nicht mein gewöhnliches Ich darf selbst der Zauberer sein, der die Wahrheit hervorlocken will, sondern die Wesen müssen dieser Zauberer sein, deren geistige Wahrheit ich schauen will." (Rudolf Steiner: *Wie erlangt man Erkenntnisse der höheren Welten*, Dornach 1977)

Kann das Blatt einer Rose, eine Krankheit oder ein Brett zu einem Gärtner, einer Ärztin oder einem Schreiner von sich sprechen, wenn ihnen die entsprechende Zuwendung entgegengebracht wird? Das könnte als Spinnerei verstanden werden – solange davon ausgegangen wird, daß die Vielfalt der Existenz ohne Verbindungen zueinander existiert und wir Menschen unsere Wahrnehmung nicht derart verfeinern können, daß unserem Erkennen schließlich nicht mehr nur das Teil, sondern auch zugleich das Ganze zugänglich würde. Und genau das ist nicht mehr nur Anthroposophen gewiß, sondern inzwischen hin und wieder auch vielen Naturwissenschaftlern wahrscheinlich. So meinte schon Werner Heisenberg: Naturwissenschaft mache zuerst zum Atheisten und führe später unweigerlich zu Gott.

Lyrisch brachte es Christian Morgenstern in einem seiner schönsten Gedichte zum Ausdruck, was sich ereignet, wenn dem Leben mit Erwartung begegnet wird:

„Alles fügt sich und erfüllt sich,
mußt es nur erwarten können
und dem Werden deines Glückes
Jahr und Felder reichlich gönnen.
Bis du eines Tages jenen reifen Duft der Körner spürest
und dich aufmachst und die Ernte in die tiefen Speicher führest."

In einer Reihe von sechs Vorträgen hat Rudolf Steiner im Jahr 1911 erläutert, was er in den Jahren vorher als mitweltliches Erkennen und Leben bezeichnet hatte. Den sich seinerzeit herausbildenden Methoden naturwissenschaftlichen Forschens, die sich absurderweise immer kleineren Teilen zuwendet, um das Ganze zu verstehen, hielt er eine gänzlich andere Möglichkeit entgegen:

„Die Ergebung, die arbeitet nicht, um in diese oder jene Wahrheiten gewaltsam einzudringen, sondern sie arbeitet an sich, an der Selbsterziehung, und wartet ruhig ab, bis auf einer bestimmten Stufe der Reife die Wahrheit durch die Offenbarungen aus den Dingen einströmt, uns ganz durchdringend. Arbeiten mit Geduld, die in weiser Selbsterziehung uns weiter und weiter bringen will – das ist die Stimmung der Ergebung. (...) Also im gewöhnlichen Leben, so wie wir in dieser Sinneswelt stehen, wenden wir unsere Urteilskraft an. Und wodurch entstehen die äußeren Wissenschaften? Dadurch, daß die Wissenschaften herantreten an diese Sinneswelt, daß sie durch verschiedene Methoden sozusagen erforschen, was da in den Dingen dieser Sinneswelt für Gesetze walten und dergleichen. Wir haben aus dem ganzen Geist der bisherigen Auseinandersetzungen gesehen, daß man dadurch nicht in die Welt der Wirklichkeit hineinkommt, weil das Urteilen überhaupt kein Führer ist, sondern daß man durch die Erziehung des Denkens durch das Staunen, die Verehrung und so weiter hindurch

allein herandringen kann an die Welt des Wirklichen. Denn verändert sich das, was Sinneswelt ist, dann wird diese Sinneswelt zu etwas völlig Neuem. Das ist wichtig, daß wir an dieses Neue herankommen, wenn wir überhaupt das Wesen der Sinneswelt erkennen wollen." (Rudolf Steiner: *Die Welt der Sinne und die Welt des Geistes*, Dornach 1979)

Der 2014 verstorbene Physiker Hans-Peter Dürr sagte 2010 in einem Interview:

„Wir müssen erkennen, daß wir nicht abseits stehende objektive Betrachter sind, sondern Teilhaber, Mitwirkende. Das ist eine Erkenntnis aus der Quantenphysik. Im alten Denken ist der Betrachter als Mitwirkender des Geschehens nicht vorgesehen. Erst Max Planck hat die Tür geöffnet, und Werner Heisenberg hat das Ganze in eine Form gebracht. (...) Wir müssen wieder als Teilhabende sehen und agieren. Dann werden wir auch unsere Verantwortung spüren. Das Spüren und das Erahnen sind sehr wichtig. Intuition und Spiel sind unerläßlich für ein Neugestalten. Das neue Denken ist auch Spüren und Erahnen, ein Dämmern, ein Träumen. Manchen jagt das Angst ein, weil es das Unbekannte einlädt. Ein Festklammern am Bekannten vermittelt Sicherheit, aber es verhindert unerwartete Lösungen." (OYA, Juli/August 2014)

Pablo Picasso schrieb einst ein Gedicht, in dem er diese offene, erwartende Haltung den Lebenstatsachen gegenüber in wunderbare Worte brachte. Als Meister der bildenden Kunst berührte er damit zugleich die Tiefendimension der Kunst des Lebens:

„Suchen – das ist Ausgehen von alten Beständen
und ein Finden-Wollen
von bereits Bekanntem im Neuem.

Finden – das ist das völlig Neue!

Das Neue auch in der Bewegung.
Alle Wege sind offen,
und was gefunden wird,
ist unbekannt.
Es ist ein Wagnis, ein heiliges Abenteuer!

Die Ungewißheit solcher Wagnisse
können eigentlich nur jene auf sich nehmen,
die sich im Ungeborgenen geborgen wissen –

die in der Ungewißheit geführt werden –

die sich im Dunkeln einem un
ichtbaren Stern überlassen,
die sich vom Ziele ziehen lassen und nicht
– menschlich beschränkt und eingeengt –
das Ziel bestimmen.

Dieses Offensein für jede neue Erkenntnis
im Außen und Innen;
das ist das Wesenhafte des modernen Menschen,
der in aller Angst des Loslassens
doch die Gnade des Gehaltenseins
im Offenwerden neuer Möglichkeiten erfährt."

Konfrontation und Kommunion

Kann man es sich unter den gegenwärtigen Bedingungen erlauben, dem Leben bloß erwartend zu begegnen? Wenn es darum geht, etwas Konkretes zu bewirken, wird man handeln müssen, um letztlich *Tat*-Sachen zu schaffen. In der Welt, in der wir leben, geht es immer und nur so zu. Hinzu kommt, daß besonders die schwierigen, schmerzhaften Erfahrungen zum Handeln drängen. Wie sollte man dem Elend in der Welt anders als mit entschlossenen Taten begegnen?

„Das Was bedenke, mehr bedenke Wie" ist eine kluge Weisheit, die sich auch auf unser Handeln in der Welt und die dennoch nicht zu übergehende Haltung des Erwartens anwenden läßt. Was wir als Menschen in unserem Leben jeweils sind, beruht auf unendlich vielen Einflüssen, denen wir ausgesetzt waren und sind. Unsere Existenz ist in einem komplexen Geflecht verankert, das aus allem geknüpft ist, was auf uns wirkte und wirkt. Das Leben kommt uns von da aus entgegen. Diese Grundgeste des Seins gilt es zu beachten, wenn nach dem Ausgangspunkt für die erwartende Haltung gesucht wird. Diese Grundgeste in den eigenen Lebensentschlüssen und Taten nachvollziehen zu können erfordert allerdings auch eine ruhige Besonnenheit, zu der unser alltägliches Leben vordergründig ganz und gar nicht veranlagt ist. Es begegnet mir immer wieder, daß mir Menschen sagen, sie hätten keine Zeit und Muße für eine regelmäßige Pflege ihres inneren Lebens, z.B. für Kontemplation, Meditation und Gebet. Anderes als das sei

in ihrem Leben stärker gefordert. Wie aber wollen wir aus eigenen Überzeugungen und freien Entschlüssen Mensch sein, wenn wir nicht die Zeit finden, hin und wieder besonnen nach innen zu lauschen, uns also dem „Spüren, Erahnen, Dämmern und Träumen" zuzuwenden, das der Physiker Hans-Peter Dürr [siehe Seite 47] so genannt hat?

Mit der am Anfang dieses Buches vorgeschlagenen Kontemplationsübung haben Sie möglicherweise ein paar Erfahrungen gemacht. Sie werden vielleicht einen zweckbefreiten Blick auf sich selbst geworfen haben. Ihre Bemühung war darauf gerichtet, alles zu ignorieren, was Sie in einer bestimmten Art und Weise alltäglich Mensch sein läßt. Diese alltäglichen Einflüsse können wir in aller Regel nicht einfach dauernd ausblenden oder abschalten, aber in besonderen Momenten der Besinnung gelingt das nach einer gewissen Übung dennoch für eine Weile. Bestenfalls wird dafür ausreichen, zu erahnen, wie eine so oder so gesetzte Haltung ist, mit der wir uns mit den Alltäglichkeiten verbinden. Für die Haltung des Erwartens, auf die es mir hier ankommt, geht es darum, zu durchschauen, daß und wieweit wir alle Kinder der Verhältnisse und Umstände sind, in denen wir leben.

Diese Einsicht wäre billig und zu dumm, wenn wir nur beim Ergebnis einer abstrakten Analyse ankommen wollten. Ein solches Ergebnis könnte uns lediglich dazu veranlassen, uns mit dem Gewordenen und Gegebenen entweder zu identifizieren oder es eben nicht zu tun. Aber das ist m.E. zuwenig. Vielmehr kommt es auf eine *Inkarnation* an, die etwas Gewordenes nicht bloß anerkennt, sondern es zum eigenen Leib und Wesen macht. Die Frage, ob das denn überhaupt (noch) möglich ist, stellt sich allerdings noch dezidierter. Eine für alle Menschen immer gleiche Antwort darauf kann es nicht geben, das wird schnell klar. Nur jeder einzelne Mensch für sich kann darüber entscheiden, ob er sich im Hier und Jetzt – nicht nur leiblich, sondern eben auch seelisch und geistig – inkarnieren *will*. Ich würde sagen, daß es die erlebte Frage und die darauf folgende Antwort sind, die den Menschen zum Menschen machen.

Sofern wir erkennen, daß diese Frage für unser menschliches Bewußtsein typisch ist und daß wir darüber individuell entscheiden können und sollen, finden wir auf originäre Art und Weise zu uns selbst. Mögen wir in dieser Welt wirklich leben? Ist sie uns so lieb, so angenehm und so vertraut wie unsere Wohnung oder das liebste Kleidungsstück? Hier begegnen wir immer mehr dem Bedarf der Welt, der sich mit unseren Möglichkeiten verbinden läßt. Die Welt nährt, trägt und belebt uns unablässig, anders ginge es für uns nicht. Die Welt wird dauernd eine andere, weil wir da sind und in ihr leben; anders geht es auch für sie nicht. Erwartung wirkt den Menschen ins Leben hinein. Diese innere Haltung einzunehmen ist bestenfalls sein aktiver Anteil am über alles entscheidenden Inkarnationsprozeß. Darin übt er, zu wollen oder nicht zu wollen. Der Sinngehalt seines Lebens inkarniert sich in ihn, wodurch er schließlich die ganze Welt bewußt zu seinem eigenen Leib werdend erlebt.

[illegible]

Teil 4

Interviews

„Ich liebe das körperliche Gefühl, auf der Erde zu sein, auf der man geboren ist, die Sehnsucht, mit etwas in Berührung zu kommen, was viel unendlicher ist als man selbst."

(Jacqueline du Pré)

Ich will lauschen; will hören, was erklingt

Interview mit Michael Gees

von Peter Krause

Michael Gees: geb. am 9. Oktober 1953 in Bielefeld, ist ein deutscher Pianist, Komponist, Improvisator und Künstlerischer Leiter des Consol Theaters in Gelsenkirchen. Michael Gees wurde in eine Musikerfamilie geboren; beide Eltern waren Sänger. Im Alter von drei Jahren entdeckte er das Klavier für sich, mit fünf erhielt er ersten Klavierunterricht, im Alter von acht Jahren gewann er den Steinway-Wettbewerb in Hamburg und wurde als Wunderkind gefeiert. Neunjährig wurde er Stipendiat des Salzburger Mozarteums. Wenig später debütierte er in seiner Heimatstadt als Konzertpianist und war in den folgenden Jahren Jungstudent der Hochschulen in Wien und Detmold. Mit 15 Jahren verließ er Elternhaus, Schule, Hochschule und Konzertpodium, hielt sich mit Gelegenheitsarbeiten über Wasser und fuhr zwei Jahre zur See. 1974 ergab sich eher zufällig die Möglichkeit eines Klavier- und Kompositionsstudiums an der Musikhochschule Hannover. Seit 1980 arbeitet er als freischaffender Pianist und Komponist. 1989 gründete er „forum kunstvereint e.V.", das in dem 2001 in Gelsenkirchen eröffneten Consol Theater aufgegangen ist. Hier werden Menschen ermutigt, eigene künstlerische Impulse zu verwirklichen. Seit 2009 lehrt Michael Gees Vokale Kammermusik an der Hochschule für Musik und Tanz in Köln.

Michael Gees konzertiert als Liedpianist und Kammermusiker weltweit u.a. mit Ulf Bästlein, Shirley Brill, dem Carmina-Quartett, dem Casal-Quartett, Ingeborg Danz, dem Gemeaux-Quartett, Julia Kleiter, Christoph Prégardien und Julian Prégardien. Er ist regelmäßig Gast der Schubertiade

Schwarzenberg. Gemeinsam mit seinen Partnern entwickelt er thematische, epochenübergreifende Programmkompositionen. In Solorecitals verbindet er traditionelles Repertoire mit Improvisation und eigenen Kompositionen. Seine Konzertmeditationen sind ganz der Improvisation, oftmals mit Vokal- oder Instrumentalpartnern, gewidmet. Im Consol Theater in Gelsenkirchen entwickelt er Bühnenmusiken zu hauseigenen Produktionen.

Es war ein wunderschöner Herbsttag, sonnig, warm und voller Licht, als ich Michael Gees in Gelsenkirchen besuchte. Wir saßen im Garten seines Hauses, der von den Geräuschen städtischer Umtriebigkeit weitgehend abgeschirmt ist, und unterhielten uns einen ganzen Vormittag lang über Musik: über Musik, die die Welt macht, über den Menschen darin und über die Dramen des Lebens. Michael Gees ist nicht nur ein unverkennbar feinsinniger Mensch, sondern zugleich auch ein wacher Geist, für Zeitereignisse aufgeschlossen, in den Schönheiten des Lebens gleichviel verwurzelt wie in den Irrungen und Wirrungen. Der Wandel treibt ihn an und um; das ist sofort spürbar.

Gute Kunst entsteht aus kreativem Welterleben. Darin ist der wahrnehmende Mensch das erste Instrument. Seine Stimmung, so Gees, sei die Unbefangenheit, die es vermag, im unablässigen Staunen Erfahrungen zu suchen, die inspirieren. Michael Gees macht gute Kunst. Seine CDs, die er mir zum Abschied geschenkt hat, *Schöne Welt, wo bist Du?* (zusammen mit Julia Kleiter), *ImproviSatie* und *Beyond Schumann*, dokumentieren, was er selbst im nachfolgenden Text beschreibt: harmonisches Welterfahren in der Sprache der Musik. Allerdings sind das keine sentimentalen Nischenträume, sondern Zeichnungen der Wirklichkeit, die auch für Dramatisches nicht verschlossen sind.

In unserem Gartengespräch umkreisten wir manche Aspekte zum Verständnis des weltweiten Wandels. Umbrüche und Krisen fordern das Bewußtsein heraus, drängen zu freien, wirklich freien Entscheidungen als Grundlage adäquater Lebensführung. So entsteht eine neue Welt aufgrund veränderter Sichtweisen auf das Leben – aus neuen Perspektiven. Davon sind alle Lebensbereiche berührt, nicht nur auf dem Gebiet der Kunst, sondern auch auf dem der Wissenschaft oder der Religion. Der kürzlich verstorbene Physiker Hans-Peter Dürr [siehe Seite 47] steht für eine Erkenntnishaltung, die Michael Gees interessiert, weil sie der Welt ebenso offen zu begegnen vermag, wie er selbst es tut.

Aber auch schwere Erschütterungen begleiten den Wandel. Neben den globalen und nationalen Krisen sind es auch zahllose Einzelschicksale, die zu Schwellenereignissen werden. Am Vortag unserer Begegnung hatte ein belgisches Gericht entschieden, daß einem psychisch Kranken der ärztlich assistierte Suizid ermöglicht werden soll. Wie hängt all das mit einer Mitweltlichkeit zusammen, zu der uns das Leben menschengemeinschaftlich führen will? Welche Wirklichkeit entsteht, und vor allem auch wie, durch das originär menschliche Existieren? Hier beginnt der aufgezeichnete Teil unseres Gesprächs.

Michael Gees: All das, was wir den ganzen Tag machen und denken, was wir sind oder zu sein scheinen, sind wir wesentlich dadurch, daß wir es als solches wahrnehmen. Das große Experiment eines Weltenplans geschieht in existentieller Abhängigkeit von dem, wie wir wahrnehmen. Mit anderen Worten: Jeglicher Stoff, jeder musikalische Stoff sowieso, aber auch jeder gedankliche oder irdische Stoff, ist immer und notwendig unserem gestaltenden Denken überantwortet. Alles ist gestaltbares Material, Spielmasse. Es ist da, um gestaltet zu werden. Wir fertigen eine Art Zeichnung – von der Welt, voneinander, von uns selbst.

Peter Krause: Das ist zum Einstieg in unser Gespräch eine gelungene Reminiszenz an Hans-Peter Dürr. Damit wird schon sehr zentral berührt, was durch unser Weltwahrnehmen bereits geschieht, was sich verändert, einfach schon dadurch, daß wir uns dem Leben mit unseren Sinnen zuwenden. Die Welt wird auch darin schon eine andere, jeweils spezielle, individualisierte.

M. Gees: Es geht immer um *meine Wirklichkeit,* also um die Wirklichkeit jedes einzelnen. Der banale Satz, daß jeder seines Glückes Schmied ist, gewinnt dadurch überhaupt erst Bedeutung. Das Schmieden ist das Glück.

Kapitulation vor der Ohnmacht

P.K.: Gestern ging es durch die Nachrichten – wir haben es beide mit Betroffenheit wahrgenommen –, daß ein psychisch kranker Mensch in Belgien erfolgreich darum gebeten hat, sich von Ärzten umbringen zu lassen. Ein Gericht hat ihm das „erlaubt" und ihm 48 Stunden Zeit dafür gegeben, in einem Krankenhaus die Tötung durchführen zu lassen. Als ich das in den Nachrichten hörte, war ich ganz tief berührt und schockiert. Michael, was ist *das* für eine Wirklichkeit?

M. Gees: Es ist das, was dieser Mensch in seiner Ohnmacht als Wirklichkeit erkennt.

P.K.: Wir müssen aber doch zweierlei sehen: Dieser arme verzweifelte Mensch sieht in die Welt, aber die Welt sieht auch ihn. Es ist ein doppeltes Unglück, das da geschieht!

M. Gees: Es sind zwei gestaltende Parteien, deren Wirklichkeiten auf den jeweils anderen zurückwirken. Seine Wirklichkeit der Gewalt – er gilt ja als Straftäter und ist bzw. war es ja auch – hat auf eine gesamtgesellschaftliche Wirklichkeit gewirkt, die ihn, also das, was er getan hat, nicht erträgt. Darum hat sie zurückgeschlagen.

Zwischen diesen beiden Gewalten liegt der Weg der Umwandlung in eine *andere* Wirklichkeit, den er, der Gefangene, aber nicht findet. Weil er diesen Weg nicht denken kann oder weil er – was allerdings sehr unwahrscheinlich ist – in ihm nicht veranlagt ist. Jedenfalls fällt er ihm nicht ein. So bleibt er ihm verschlossen – und er verzweifelt bis zum Äußersten. Und uns fällt nicht ein, ihm den Weg zu weisen.

P.K.: Letzteres ist das eigentlich Tragische.

M. Gees: Daß wir es vielleicht wissen, es ihm aber nicht sagen?

P.K.: Ja, genau! Daß wir als Teile seiner Welt dieser Aufgabe nicht nachkommen, ihn durch dieses Erlebnis tiefster Ohnmacht zu leiten.

Radikale Dissonanz: Der Krieg um das Ich

Versuchen wir mal, das auf das musikalisch-künstlerische Gebiet zu übertragen. Du verstehst die Musik als Ausdruck des sozialen Geschehens. Verschiedene Instrumente stehen für verschiedene Aufgaben. Es kommt zu einem Zusammenklang. In diesem Zusammenklang, also durch die Orchestrierung, kommt es zur Erscheinung eines musikalischen Werkes. Kann man das Ereignis in Belgien unter diesem Blickwinkel betrachten? Siehst Du Analogien zum musikalisch-künstlerischen Prozeß? Der Gefangene, der seine eigene Tötung wünscht, wäre das der Solist in einem besonders dramatischen Augenblick der Komposition?

M. Gees: Das ins Bild zu bringen fällt mir nicht leicht. Nehmen wir ein Orchester, hundert Musiker, die den Job haben, am selben Strick zu ziehen, d.h. ein Geflecht symphonischer Gemeinsamkeit herzustellen. Alle wollen von verschiedenen Seiten dazu beitragen, daß etwas Stimmiges gesagt wird. Jetzt ist einer dabei, der sich mit alldem nicht verbindet, die gemeinsame Absicht nicht teilt und etwas völlig anderes spielt. Er nimmt keinen der Anknüpfungspunkte für Beziehungen wahr. Es wäre ein Stück orchestraler Erziehungskunst, ihn zu integrieren. Wie würde man das machen? Mit einem vorhandenen bereits komponierten Stück würde das gar nicht gehen. Nehmen wir an, ich hätte jemanden im Chor oder im Orchester, der so drauf ist, dann würde ich schließlich vermutlich sagen: Okay, wir spielen Deine Musik. Wir alle. Wenn es denn überhaupt eine Musik ist.

P.K.: Versuchen wir den Faden weiterzuspinnen. Ich versuche mal zu verdichten, was wir bis hierher besprochen haben: Extreme Dissonanz, die lautstark in den Vordergrund kommt. Aber wir gehen auch davon aus, daß diese Dissonanz nicht gewollt ist. Du kannst Dir wahrscheinlich aus Deinem Wissen heraus keine Komposition vorstellen – oder vielleicht kannst Du es ja doch –, in der ein Komponist diese radikale Dissonanz in einem Solopart als Teil seiner Komposition gewollt hat. Richtig?

M. Gees: Doch, das kann ich mir vorstellen. Es gibt Kompositionen, die scharf dissonieren wollen. Aber natürlich ist das die eigentliche Frage: Was will die Dissonanz? Was kann sie überhaupt wollen?

P.K.: Gut. Beschreiten wir zwischendurch ein Seitengleis, bevor wir den musikalischen Faden wiederaufnehmen.

Was drückt sich darin aus, daß es jährlich mehr Suizidtote als Kriegstote gibt? Ist es ein Unglück der menschengemeinschaftlichen Entwicklung, oder ist es gar gewollt? Und zuletzt auch die weitere Fragemöglichkeit: Ist es wandelbar, was an Furchtbarem darin liegt? Es spricht sich ja zugleich etwas Hintergründiges in diesem Gegenbild aus.

M. Gees: Ich glaube schon, daß darin etwas gewollt ist. Es ist ein Krieg, der zu den vielen Suiziden führt. Aber der Kriegsschauplatz ist verlagert. Die Kombattanten sind andere. Oder jedenfalls erscheinen sie anders. Es will eine Erfahrung gemacht werden: daß *es* so nicht geht, daß die Menschengemeinschaft, wenn sie mehrheitlich einem materialistischen Wachstumsbegriff huldigt, nicht weit genug kommt. Viele Menschen wollen das jetzt wissen. Sie wollen eine Grenzerfahrung machen. Dabei kommt eine neue Definition des Ich heraus. Was bin ich, wenn ich nicht habe oder Raum nehme? Was – und wem – gelte ich dann? An dieser Fragestellung gibt es viel zu leiden, zumal wenn Anregung, Daseinsfreude und Lust fehlen. Und dann mag wohl auch Suizid als Weg in Frage kommen: Selbstzerstörung bewahre vor dem Schmerz, leidend und mitleidend durch den Todespunkt der menschengemeinschaftlichen Gesamtentwicklung hindurchzugehen und in das Dahinter zu schauen. Suizid ist – nicht immer, aber oft – ein Angriff auf den sozialen Organismus als Ganzes. Das Beispiel eines Straftäters, der seine Taten hinter sich läßt und an die Verwandlung seiner selbst geht, hätte eine große Ausstrahlung auf uns. Nun müssen wir es entbehren, so wie der Suizidale uns entbehren muß, die wir es ihm hätten nahelegen müssen. Im Suizid triumphiert das Konzept der Auslöschung, er bedeutet eine Niederlage der menschlichen Bewußtseinsentwicklung, die auf Verkörperung einstweilen angewiesen ist.

P.K.: Suizide als Ergebnis eines Krieges. Die Suizidopfer als Kriegsopfer. Opfer im Krieg ums Ich. Jetzt bitte zurück in die Welt der Musik.

Neue Musik in einer Welt des Wandels

Nehmen wir an, der Komponist wollte genau das sagen und läßt einen Musiker so extrem gegen das Orchester spielen, hörbar dissonant, daß im Grunde genommen eine Störung entsteht. Dann würde man sagen, daß gerade das ein starker künstlerischer Ausdruck ist. Kann man das so sagen?

M. Gees: Wenn Störung die Story sein soll, könnte man das so sagen, ja. Wenn es gelänge, das Verständnis eines Publikums dafür zu erreichen, wäre es geradezu Kunst.

P.K.: Gibt es Kompositionen, in denen es für einen Part darum geht, extrem störend zu sein und das als Kunst zu verstehen?

M. Gees: Mir fallen Kompositionen ein, die extreme existentielle Auseinandersetzungen zum Thema haben.

P.K.: Gehören diese Werke vor allem zur Moderne?

M. Gees: Ja, unbedingt.

P.K.: In früheren Zeiten gab es das nicht?

M. Gees: Jedenfalls nicht, seit Musik geschrieben wird. Notenschrift gibt es ja noch nicht lange, erst ein paar Jahrhunderte. Dissonanz als Mittel gab es hingegen wohl immer schon. Die Erfindung des 20. Jahrhunderts ist das Extrem, der Totalverlust der Konsonanz.

P.K.: Ich denke jetzt vor allem an *einen* Künstler, wenn du das sagst.

M. Gees: An welchen?

P.K.: An Christoph Schlingensief. Er hat mit den Mitteln des Theaters und der politischen Aktion etwas im Schrillen sichtbar machen wollen. Die gewollte Dissonanz war eines seiner Stilmittel. Aber an wen denkst du?

M. Gees: Bei allem Respekt vor ihrem Ringen um zeit- und menschengemäßen musikalischen Ausdruck denke ich an Luciano Berio, Mauricio Kagel, Hans-Joachim Hespos, Helmut Lachenmann und viele andere, die uns jungen Komponisten in den 1970er Jahren ins Stammbuch geschrieben haben: Komponiert nicht heile Welt, sondern beschwört in eurer Musik den ultimativen Konfliktfall des Hier und Jetzt. Macht die Welt heil – durch die Vorhaltung ihres Unheils.

Das klappt natürlich nicht. Das konnte man sich eigentlich damals schon denken. Aber entweder wir waren genauso drauf, oder wir hatten das Komponieren gefälligst sein zu lassen. Ich habe es trotzdem getan.

Ich träumte von friedlichen äsenden Rehen auf einer sonnenüberfluteten Lichtung. Das ist C-Dur. Ich konnte es nicht ändern. Das ist bei mir eben so. Da haben die anderen gesagt, ich sei weltfremd.

P.K.: Während du das jetzt so sagst, lächelst du. Es hat sich also etwas getan. Du träumst nicht mehr nur in C-Dur?

M. Gees: Ich habe auch damals nicht nur in C-Dur geträumt. Ich habe bloß nicht an den Primat der Dissonanz geglaubt, sondern an den der Harmonie. Was heißt geglaubt? Wenn man so will, ist das *meine* Wirklichkeit, die ich als großes Glück erlebe. Meine Grundstimmung ist fröhlich, wenn ich morgens aufstehe.

P.K.: Die Lehrer haben dir gesagt, daß du dich für Dissonanzen öffnen, von deinem C-Dur-Traum wegkommen sollst. Nochmal: Gilt das als Phänomen der Moderne, oder gab es das auch schon in sehr alten musikalischen Kulturen?

M. Gees: Nein, das ist ein Phänomen der Moderne, des gestaltbildenden Bewußtseins des modernen Menschen. Nur so konnte es zur Emanzipation von der Tonalität kommen und zu dem, was an ihre Stelle getreten ist. Die Tonalität ist ja ein Naturphänomen. Die Obertonreihe konstituiert nun einmal – am deutlichsten hörbar – Dreiklangstöne. Die Tonalität war durch Jahrtausende ein natürliches, alternativloses Ordnungssystem in der Musik. Das wurde, zunächst durch eine Art Sozialismus der Töne, ersetzt. In der Dodekaphonie[1] hat jeder Ton das gleiche Recht, keiner dominiert den anderen.

Das hat aber auch nicht lange gehalten. Es ist ja nicht so, daß über Generationen hinweg dodekaphonisch komponiert worden wäre, sondern z.B. seriell – und nach vielen weiteren Ordnungen mehr. Es mußte doch möglich sein, der Qual der Auswahl der musikalischen Parameter zu entkommen – und damit dem Risiko zu irren, der Beliebigkeit anheimzufallen. Heute ist es in meinen freien Willen gestellt, seriell, aleatorisch oder tonal zu komponieren. Das ist das Verdienst der Moderne. Die Komponisten des 19. Jahrhunderts hatten diesbezüglich keine Wahl.

P.K.: Ist in den Tiefen anderer Kulturen nicht ähnliches auch aus früheren Zeiten zu finden? Da ist ja noch nichts seriell. Wie durchlässig für Dissonantes sind solche Musiken?

M. Gees: Es gibt viele Tonleitersysteme, die erheblich mehr dissonantes Material aufweisen als unsere. Dieser Ton auf der Balance zwi-

1 Zwölftontechnik (Red.)

schen Sekunde und Terz beispielsweise, der in arabischen Tonleitern so markant, aber auf unseren Tasteninstrumenten nicht darstellbar ist, weil es diesen Ton, dieses Intervall bei uns nicht gibt, dissoniert mit anderen Tönen hochgradig, jedenfalls nach unserem harmonischen Verständnis. Der Ton hat für uns – zunächst – vielleicht eine melodische Durchgangsberechtigung, im Zusammenklang erleben wir ihn als unbrauchbar.

Das Potential ist da. Viel spannender ist die Frage von vorhin: Wie dissonant kann etwas überhaupt sein? Wie leistungsfähig ist Dissonanz? Deswegen habe ich eben gezögert, als es in unserem Gespräch um die Frage danach ging, wie ein solches Schicksal wie das des verzweifelten Menschen in Belgien musikalisch zu fassen wäre. Die Annahme, daß er ein Instrument zur Hand nimmt und sich mit anderen Musikern in Gemeinschaft begibt, wäre ja schon weit weg von dem, was er jetzt macht. Da wäre die Dissonanz schon aufgelöst oder doch in harmonisierender – Thomas Mann hätte vielleicht gesagt: „beschönigender“ – Bearbeitung. Die musikalische Dissonanz ist Störung, nicht Zerstörung.

P.K.: Er bedient sich eines Instruments, wenn man dieses Ereignis musikalisch zu verstehen versucht. Das großartigste Instrument eines Lebewesens ist sein Leib. Den will er zerstören bzw. zerstören lassen. Diese Zerstörung erzeugt einen schrillen Mißklang. Es kommt zu einer kaum erträglichen Dissonanz.

M. Gees: Das ist in Musik wohl kaum zu formulieren. Musik kann so dissonant nicht sein. Mehr als weißes Rauschen kann man nicht erzielen. Dann ist Schluß. Weiter kann man aus der musikalischen Wirklichkeit nicht herausfallen.

Ist es wirklich gewollt?

P.K.: Du lebst heute nicht mehr nur in C-Dur. Wie weit gehst du selbst inzwischen? Nicht so weit wie Mauricio Kagel?

M. Gees: Ich denke, ich gehe weiter, nämlich in Beziehungen zu Musikern und zu ihren Ideen. Ich mache viel improvisierte Musik, auch mit Partnern, die ich kaum kenne. Wir probieren eine Stunde und treten hernach vor das Publikum. Mich interessiert wenig, wie dissonant wir uns zueinander verhalten, sondern wie sehr das, was der andere spielt, gewollt, gemeint ist und ob ich es als das erkenne, was es ist oder sein will. Soll das so sein? Wollt ihr die kleine rhythmische Ungenauigkeit? Wenn ja, was spricht sie? Diese Betonung hier: unfreiwillig oder absichtlich? Diese kleine Intonationsverschiebung, die den Ton gewissermaßen zum Leitton macht? Wir Pianisten können die Tonhöhe ja nicht so schnell ändern, anders als Sänger, Streicher, Bläser. Wenn ich frage, *„Wollt* ihr das?", kommt nur ganz selten: „Ja, so soll es sein". Ich bestehe darauf, daß ein Motiv oder ein Klang willentlich ergriffen und verantwortet ist. Dann kann ich damit leben, auch wenn ich es selbst nicht so gemacht hätte. Wenn jemand antritt, wild und kratzig zu spielen, finde ich schon meine Wege, dazu zu passen, zu harmonisieren. Diese Erfahrung machen andere mit mir.

Vielleicht frage ich aber auch nicht, sondern spiele einfach nur – mit sanftem Wollen. Dann kommt vielleicht eine Musik dabei heraus, die ich schön finde, obwohl meine Partner etwas ganz anderes, vielleicht provozieren oder schockieren wollten.

P.K.: Im Ergebnis entsteht immer etwas Neues. Das entspricht dem Weg der Improvisation, daß nicht eine vorher errungene Komposition hörbar wird, sondern daß etwas Neues entsteht.

M. Gees: Die Komposition besteht in dem Fall im Miteinander. *Das* ist die Komposition!

P.K.: Eine interessante Geste. Nehmen wir an, daß zwei Musiker zusammen improvisieren und tatsächlich jeder dieser Musiker das auch wirklich will, was er spielt. Wenn der eine das vom anderen aufnimmt, entsteht im Ergebnis etwas, was beide so vorher gar nicht wollen konnten. Es ist etwas ganz Neues.

M. Gees: Ja, das sehe ich genauso. Deswegen mache ich improvisierte Musik, weil auf jeden Fall dabei etwas herauskommt, worauf ich allein nicht gekommen wäre.

Ich will einmal versuchen, das auf das Soziale zu übertragen: Hätte ich die Geistesgegenwart und Vorurteilslosigkeit, in einen Menschen wie den belgischen Straftäter so tief hineinzuhorchen, daß ich ihm im Gespräch etwas entlocke, was in ihm selbst bereitliegt, die Musik seines Lebens, die ihn durch den Nullpunkt hindurchtragen und begleiten könnte, dann entstünde etwas vollkommen Neues aus unserer Begegnung. Das wäre in diesem Fall die Komposition, auf die er allein nicht kommt – und ich auch nicht.

P.K.: Ich versuche einmal, das bisher Besprochene zu verdichten: Ein so extrem dissonantes, zerstörerisches Ereignis wie ein Suizid wäre in der Musik, auch in der improvisierten Musik, für dich nicht denkbar. Es braucht also einen Kern von tatsächlichem Willen, um eine Lebenstatsache in der von uns hier gemeinten Art musikalisch ausdrücken zu können. Du hast auf deine diesbezügliche Frage *„Meinst Du das wirklich?"* hingewiesen, die eine Voraussetzung dafür ist, daß etwas in den Prozeß integriert werden kann. Kann ein Mensch seinen Suizid wirklich wollen?

M. Gees: Das glaube ich schon. Es kann der Vernichtungswille in ihm so laut werden, daß er die anderen Stimmen überlärmt, so daß sie in ihm scheinbar verstummen.

P.K.: Jetzt haben wir kein Orchester vor uns, besetzt mit vielen Menschen, sondern eine Vielzahl von Stimmen in ein und demselben Menschen. Nicht *mit,* sondern *in* diesem Menschen spielt die Musik. Die vielen Stimmen gilt es zu orchestrieren, um einen gemeinsamen Willen herum zu gruppieren. Das ist die Aufgabe, die sich dem Menschen stellt. Und dann stellt sich in der offensichtlich eingetretenen seelischen Ohnmacht die Frage, ob das ersehnte Todeserlebnis auf das Beenden seiner irdischen Biographie hinausläuft oder vielleicht auf ein Sterben, durch das er hindurchgeht, ohne sein Leben wirklich zu verlieren. Eine Psychologin brachte es mal auf den Punkt, indem sie sagte, man solle sich das Leben nehmen. Das Leben *nehmen!* Das ist etwas ganz anderes, als sich den Tod zu geben.

M. Gees: Es ist Verwandlung, um die es den Menschen geht, allen Menschen, möchte ich behaupten, ob sie es wissen oder nicht. Auch ihm, von ganzem Herzen, sonst käme er nicht auf die Idee, sich, von Ärzten unterstützt, umzubringen.

Sozialarbeit mit den Mitteln der Kunst

P.K.: Du verstehst eure Arbeit im „Stage"-Projekt eures Consol Theaters als Kriminalitätsprävention. Das klingt so interessant, daß du dazu mehr sagen solltest. Was ist präventiv an eurer Arbeit, wenn du es vor dem Hintergrund des Ohnmachtserlebnisses beschreibst, über das wir bis jetzt geredet haben?

M. Gees: Wir vermitteln eigentlich gar nichts. Wir stellen uns mit einer gewissen Anstrengungsbereitschaft an die Seite derjenigen, die ohnehin auf dem Weg sind. Wir begleiten, was schon da ist, wir leisten Entwicklungsbeistand. Von mir kann ich sagen, daß ich Menschen mitnehme in die Bereitschaft, es schwer zu haben, Spaß zu haben an Problemen, die sich z.B. stellen, wenn jemand einen gestalterischen Impuls hat, aber zunächst noch nicht fähig ist, ihn so zu formulieren, daß er ihn erstens selber versteht und zweitens von anderen verstanden wird.

P.K.: Das ist also wieder ein Bezug zum Improvisierenden, über das du gesprochen hast. Das ist verbunden mit der Frage danach, ob ein Mensch das, was er will und tut, auch wirklich meint. Denn dann können andere auch sagen, was sie wirklich meinen. Und hernach entsteht eine für alle Beteiligten gänzlich neue Realität.

M. Gees: Du findest in dir das Gestaltenwollen deiner Lebenswirklichkeit veranlagt. Das hat jeder andere Mensch auch, ob jung oder alt. Niemand kommt ohne Gestaltungsimpuls in die Welt. Und jetzt geht es darum herauszubekommen, was es ist, was ein Mensch gestalten will. Mit Novalis gesprochen ist es die Frage nach der Mission jedes einzelnen Menschen.

P.K.: Jetzt gehst du weiter als Hans-Peter Dürr. Du hast die Welt der Wirklichkeit angesprochen, die für jeden Menschen aufgrund seiner eigenen Wahrnehmung besteht. Daran schließt sich die Welt an, die jeder Mensch, auch im Sinne einer neuen Wirklichkeit, gestalten will. Das kann auch aus etwas heraus geschehen, was schwer und widrig ist. Drittens kommt es im Zusammenwirken verschiedener Menschen bestenfalls zu einer gemeinsam ermöglichten Realität, die sich einstellt und die keine der beteiligten Parteien so gewollt haben kann, weil sie eben vollkommen neu ist. Wie geht ihr mit den Jugendlichen um, um das als Prozeß für sie zugänglich zu machen?

Da sind junge Menschen, die auf irgendeine Art und Weise den Weg zu euch gefunden haben. Sie treffen Künstler und Pädagogen, die mit ihnen arbeiten wollen. Da kommt das ganze Sosein der jungen Leute zu euch, die ganze Jugendkultur und Subkultur. Was ist euer Gestaltungsimpuls?

M. Gees: Die Qualifizierungsmaßnahme „Stage" gibt es bei uns im Consol Theater seit 2001. Wir wenden uns damit an Jugendliche, die aus irgendwelchen Gründen nicht weitergekommen sind. Vielleicht sind sie Schulabbrecher, hatten mit Drogen oder Alkohol zu tun oder stammen aus zerrütteten Familienverhältnissen. So sind sie auf dem Arbeitsmarkt als schwer Vermittelbare gelandet. Solchen Jugendlichen machen wir das Angebot einer alternativen Qualifizierungsmaßnahme. Das heißt, daß sie bei uns alles durchmachen, was mit Theater zu tun hat. Sie lernen sprechen, darstellen, Texte schreiben, Bühnenbildbau, Bühnentechnik, Anfertigung von Requisiten und Kostümen; vor allem aber lernen sie, daß sie unverzichtbar sind: Es kommt auf mich an! Jeder, der zu spät zur Probe kommt, weiß, daß er nicht austauschbar ist. Mit einem Wort: Sie lernen Welt, Bedeutung und Beziehung. Wer weiß, was er anderen und was andere ihm bedeuten, wer in stabilen Beziehungen lebt, wird nicht kriminell.

Wenn die jungen Leute das ein Jahr gemacht haben, wenn sie sich ein Jahr lang mit ihrem Ich beschäftigt haben, also nicht mit ihrer Egoität, sondern mit ihrer geistigen Identität, dann sind sie auch für andere Aufgaben qualifiziert, die ihnen im Leben begegnen; sie sind fähiger zur Hingabe als zuvor. Sie haben gelernt zu fragen, wem es nützt, was sie machen, außer ihnen selbst.

P.K.: Ein Jugendlicher, der an der Welt leidet, wird das nicht ohne weiteres verstehen, was du gesagt hast. Er könnte sogar den Eindruck gewinnen, daß ihr den Schmerz, den er gerade empfindet, nicht nachvollziehen könnt, wenn ihr so „abgehobene" Beschreibungen von euren Zielen gebt.

Empathie braucht eine Brücke, die sich zwischen den Menschen bildet, denn sonst können sich die verschiedenen Willensimpulse nicht finden. Wie wird dieser junge Mensch für euch dennoch zugänglich?

M. Gees: Vielleicht durch eine Session. Ich habe einmal drei „Stagies" *(Anm. PK: TeilnehmerInnen an der Qualifizierungsmaßnahme)* in Musik entführt; sie hatten nur ganz wenig musikalische Beweglichkeit. Einer spielte ein paar Töne Gitarre, die anderen habe ich ermutigt, zu Geräuschen zu sprechen, zu summen oder – vielleicht gar – zu singen. Ich habe dann vom Klavier aus die wenigen möglichen Töne als musikalisch impulsierend aufgefaßt. Das ist dann eine ganz schöne Sache geworden. Es geht ja um ein Hineinkommen in das Verstehen eines anderen Menschen. Und darum, das Wenige, Zaghafte unter die Lupe freundlicher Aufmerksamkeit zu nehmen und es groß zu machen oder doch jedenfalls erkennbar. Das geht in Musik zuweilen besser als im Gespräch.

P.K.: Ein leises Führen aus dem Krawall?

M. Gees: In diesem Fall war das so. Ein Umgehen mit dem, was ist. Wenn es nur wenige Töne sind, sind es eben nur wenige. Man kann etwas daraus machen. Ich kann einen einzigen Ton aus vierundzwanzig harmonischen Himmelsrichtungen beleuchten. Ich kann ihn immer wieder als Melodieton, als tragend erweisen. Der Tongeber gewinnt Bedeutung, es ist sein Ton. Mit jedem Ton, der dazukommt, wächst das Vokabular, wächst unser gemeinsames wirklichkeitsgestaltendes Verständnis von Welt.

P.K.: Man kann sich gut eine Violine, eine Bratsche, eine Trompete vorstellen; damit bewegt man sich in der bekannten Welt der Harmonien. Aber eine Straßenbahn klingt anders als eine Violine, ein Wind, der durch die Häuserzeilen streicht, anders als ein Fagott.

M. Gees: Man kann jedes Geräusch als musikalisch induktiv auffassen. Einem Schiffsdiesel kann man Musik ablauschen. Durch das Erlauschen kann man richten: im Sinne eines Ausrichtens, des Findens einer Richtung, mit dem Ziel einer klingenden Ordnung der Töne.

P.K.: Entspricht das dem C-Dur-Erlebnis, das du als Jugendlicher hattest?

M. Gees: Seit frühesten Kindertagen habe ich das Bedürfnis, Umgebungsgeräuschen Musik abzulauschen. Ich habe immer alles als potentielle Musik aufgefaßt. Ich war keine drei Jahre alt, da kannte ich bereits alle Tonhöhen mit Namen – *„die Bremsen der Lokomotive klingen in H"* – und habe das in einen Zusammenhang gesetzt mit anderen Klängen in meiner Umgebung. Unordnung in der Welt ging mir fürchterlich auf die Nerven. Ich ärgerte mich z.B. darüber, daß nicht alles symmetrisch ist.

Harmonie – dieser Begriff wird oft viel zu flach verstanden, als die Abwesenheit von Spannung. Ich will die Harmonia Mundi hören, den Klang der Welt. Vielleicht ist er ja eine Art weißes Rauschen; die Totale aller Frequenzen, die (Über-) Fülle, die zugleich die Leere ist, in der das Bewußtsein seine gestaltbildende Wahl trifft.

Ganzheitliches Denken und Handeln

Interview mit Prof. Declan Kennedy

von Peter Krause

Declan Kennedy: *geb. am 24. Juli 1934 in Dublin, ist ein in Irland geborener Architekt. Neben den Hauptinteressensgebieten Nachhaltigkeit, Ökologisches Bauen, Städtebau (Urban Design), Landschaftsplanung und Permakultur unter holistischen Gesichtspunkten ist er auch Mediator im Konfliktmanagement. 1972 wurde er Professor für Städtebau am Institut für Wohnungsbau und Stadtteilplanung des Fachbereichs 8 Bauplanung und -fertigung an der Technischen Universität Berlin bis zum Jahr 1985; von 1975 bis 1978 war er 2. Vizepräsident der TU Berlin.*

Von 1984 bis 1989 leitete er als Direktor das Permakultur-Institut für Europa (englisch: Permaculture Institute of Europe) und von 1989 bis 1994 als Koordinator das Ökoteam-Programm für den Global Action Plan (GAP) for the Earth. Von der Gründung 1995 bis 1999 war er Leiter des Europäischen Sekretariats und Vorsitzender des Globalen Ökodorf-Netzwerks für Europa.

Seit 1985 ist er Mitglied des Ökodorfs Lebensgarten Steyerberg e.V. und war von 2004 bis 2006 Vorsitzender der Gemeinschaft. Seit 2005 ist er Vorsitzender des Beirats der internationalen Gaia University sowie Gründer und Präsident von GaiaU-Germany. Seit 2005 ist er aktives Mitglied in der Union of International Associations, einem unabhängigen Non-profit-Forschungsinstitut und Dokumentationszentrum zur Information über internationale Organisationen in Brüssel, das bereits seit 1907 besteht.

Declan Kennedy lebt im Ökodorf Lebensgarten, wo er u.a. das Forschungs- und Demonstrationsprojekt Permakulturpark am Lebensgarten Steyerberg zur Naturerhaltung aufbaut. 2014 wurde er, zusammen mit Franz Alt, für sein Lebenswerk mit dem Mind-Award ausgezeichnet.

Zusammen mit seiner im Dezember 2013 verstorbenen Ehefrau Margrit gehört Declan Kennedy zu denjenigen Personen, die in den vergangenen Jahrzehnten die Ökologiebewegung weltweit maßgeblich geprägt haben. Trifft man ihn heute, begegnet man keineswegs einem alten Mann, sondern einem jugendlich-sprühenden Geist von beachtlicher Gedanken- und Wesenstiefe. Das lebendige Interesse für das Leben und die Menschen leitet ihn nach wie vor. Hinzu kommen eine gute Portion irischen Humors und ein musikalischer Frohsinn, der ihn auch heute noch gleichviel für das Musizieren und Tanzen begeistert sein läßt.

Für unser Gespräch haben wir uns im Ökodorf Lebensgarten im niedersächsischen Steyerberg getroffen, in das seine Frau und er bereits 1985 gezogen sind, als noch nichts von der heutigen Schönheit des Dorfes geschaffen war. Wir saßen für den aufgezeichneten Teil unseres Gesprächs im Garten seines Hauses, der, nach den Gesichtspunkten der Permakultur gestaltet, ein echtes kleines Paradies ist.

Die nachfolgend geschriebenen Worte geben den Schwung und die Energie nicht wirklich wieder, in der unsere Unterhaltung verlief. Die Augen Declans blitzten, oft klopfte er, die Bedeutung seiner Worte verstärkend, auf den Tisch. Dann wieder schweifte sein Blick sinnend über die Blumen- und Blütenpracht um uns herum. Ich unterhielt mich mit einem Mann, der, wie man so sagt, vom Leben mit allen Wassern gewaschen wurde. Das hat ihn gelehrt. Und weil er sich selbst und seinen inneren Werten dabei stets treu geblieben ist, konnten seine Lebenserfahrungen zu Weisheiten werden, mit denen er selbst schon in Andeutungen überzeugt.

Für das Thema der Ökologie ist es markant, daß unser Gespräch mit den persönlichen Lernerfahrungen Declans beginnt und mit Vorstellungen darüber endet, was ein Not wendendes Bildungssystem für die Zukunft auszeichnen könnte. Wo überall sich Leben formend ereignet, bildet es zugleich. Und diese Bildung muß geeignet dafür sein, jedem Menschen in seiner ganz individuellen Art zur Erscheinung zu verhelfen. Dann werden wir Menschen konsequent und selbstverständlich zu den Ideen und Impulsen finden, die uns helfen, auch in den Herausforderungen der Zukunft zu bestehen.

Peter Krause: Begegnet man einem Menschen und lernt ihn dadurch etwas kennen, wird man bald ein Adjektiv finden, das den von ihm gewonnenen Eindruck beschreibt. Man wird sagen, dieser Mensch sei freundlich, liebevoll oder vielleicht aggressiv, melancholisch usw. Wenn du dir jetzt die Erde vorstellst, welches Adjektiv fällt dir für sie ein?

Declan Kennedy: Die Erde ist die wunderbarste Sache, die je erfunden wurde. Ich verstehe die Welt als Lebewesen, als Gaia. Sie ist weiblichen Geschlechts, sie ist die Mutter Erde, die Planetin. Von ihr bekomme ich alles geschenkt, wenn ich mich dem öffne. Sogar Energie bekommen wir von ihr, wenn das Licht der Sonne durch sie verwandelt wird. Ich muß als Mensch nur meine Klugheit und Erfahrung nutzen, um ein System des Wohlfühlens für mich aufzubauen. Dafür muß ich dazu bereit sein, das Geschenk von Gaia und von Vater Sonne entgegenzunehmen und an andere weiterzugeben. Für sich selbst allein soll man das Geschenk nicht behalten wollen.

Als Kind im Hier und Jetzt

P.K.: Wir Menschen werden in Kindheitszeiten ja durch die Erwachsenen geprägt. Wie hast du als Kind die Welt erlebt? Dein liebevolles Verhältnis zur Erde, zur Welt – war das schon in Zeiten deiner Kindheit vorhanden?

D. Kennedy: Ich wurde vor dem 2. Weltkrieg geboren, war fünf Jahre alt, als der Krieg begann. In dem Alter geht man in Irland schon in die Schule. Wir hatten dann weniger zu essen, weil wir als neutrale Iren mit England und den Niederlanden geteilt haben. Wir als große Familie, ich war eins von acht Kindern, hatten in dieser Zeit mit Obst und Gemüse fast eine Selbstversorgung.

Mein Vater verkaufte mitten im Krieg das Haus, das er selbst gebaut hatte, und erwarb einen Altbau für die große Familie. Wir hatten da zuerst keine Elektrizität, aber, ganz herrschaftlich, einen Tennisplatz. Den hat mein Vater schnell in einen Gemüsegarten verwandelt. Die anderen in der Familie hatten keine große Lust, mit Da, wir nannten unseren Vater Da, im Gemüsegarten zu arbeiten, aber ich fand es toll, meinem Vater im Garten zu helfen. Er hat mir damals viel erklärt und beigebracht. Ich hatte schon damals im Garten immer das Gefühl, beschenkt zu werden. Man legt einen winzig kleinen Samen in die Erde, und es wächst ein Kohlrabi, Möhren usw. Wir hatten auch sehr viel Kohl und Kartoffeln. Aus einer einzigen Kartoffel werden 25 oder sogar 30 Kartoffeln. Diese Fülle zu erleben war für mich als Kind eine sehr wichtige Erfahrung.

Ich fing damals auch an, Klavier zu spielen. Ein Nennonkel mußte sein Haus aufgeben und schenkte uns seinen Flügel. Auf einmal hatten wir Musik im Haus und den Garten um uns herum. Ich wollte überhaupt nicht in die Schule, weil die mich gelangweilt hat. Diese ewige Wiederholung ... wenn du etwas gesagt hast, hast du es doch gesagt. Wozu muß man das ewig wiederholen? In der Schule hatte ich aber einen ganz guten Anfang, denn die ersten zwei Jahre ging ich zu einer Art Montessori-Schule, in der wir Kinder jeden Tag unser eigenes Programm machen konnten. Das war, wie wir es heute sagen würden, ein Leben im Hier und Jetzt. Als Kind konnte man seinen Tag selbst gestalten, man konnte herausfinden, was man gerade lernen will.

P.K.: Der kleine Declan war also schon ein freiheitsliebender, ökologisch gesonnener Mensch, weil sein Umfeld ihn so sein und werden ließ?

D. Kennedy: Das war toll! Es hat mein ganzes Leben geprägt. Ja, wenn ich wollte, dann bin ich immer im Garten gewesen, in dem immer etwas zu tun war. Wir haben z.B. große Granitfelsen genutzt, um Wärme zu speichern. Die Beete wurden dazwischen angelegt, und Tomaten, die in Irland nur schwer gedeihen, konnten reif werden.

P.K.: Hatte dein Vater dieses Wissen, um den Garten richtig bestellen zu können?

D. Kennedy: Es kam nicht nur von meinem Vater, sondern auch von meinem Großvater. Als der Krieg ausbrach, haben die Menschen sich wieder für das Wissen der alten Generationen interessiert. Auch ich habe meinem Großvater geholfen und viel von ihm gelernt. Er konnte sich nicht so gut bücken, so daß ich fast die ganze Ernte für meinen Großvater gemacht habe.

Ökologie und Städtebau

P.K.: Nach einem in Irland begonnenen Studium der Architektur bist du später nach Darmstadt gekommen, weil du dort zugleich auch Städtebau studieren konntest. Ich stelle mir das Urban-Design nicht gerade leicht vor – besonders in der damaligen Zeit nicht. Die ungebremste Entwicklung der Urbanisierung führt bis in unsere heutige Zeit zu spannenden Herausforderungen. Die hast du dir ganz bewußt für deinen Berufsweg gesucht. 1972 wurdest du schließlich als Professor für Städtebau an die Technische Universität in Berlin berufen.

D. Kennedy: Ja, durch meinen Aufenthalt in Pittsburgh, Pennsylvania, und meine Auseinandersetzung mit den Ideen von Ernst Friedrich Schumacher *(1911–1977; britischer Ökonom deutscher Herkunft; PK.)* und seinem Buch *Small is beautiful* war ich mit der Ökologie beschäftigt. Das Buch selbst hat mir mein Vater geschenkt, nur einen Monat, nachdem es erschienen war. Er hatte, als er es von irgend jemandem bekommen hatte, sofort gemeint, daß das etwas für mich sein könnte.

P.K.: Letztlich bist du vom Garten der Familie aus, über dein erwachendes Interesse an der Ökologie und an den Ideen von Ernst Friedrich Schumacher, im Städtebau in ein großes Spannungsfeld geraten.

D. Kennedy: Es war noch schwieriger, als man erst mal denkt. Ich wurde 1972 nach Berlin berufen. Da war ich 38 Jahre alt. Drei Jahre vorher war ich in Pittsburgh und wurde berufen, weil ich bereits über Ökologie sprach und weil mein Thema „Infrastruktur im Städtebaubereich“ war. Es waren somit sowohl die soziale als auch die technische Infrastruktur angesprochen. Pittsburgh war eigentlich eine fürchterliche Stadt, aber man konnte dort eine Menge lernen. Die „Environmental Science“ war ja ein neues Wissenschaftsgebiet.

In Berlin war die inhaltliche Spannung mit den normalen Städteplanern gegeben, weil sie mit der neuen Richtung der Ökologie nichts zu tun haben wollten. Aber gerade im Fachbereich Architektur waren vier Jahre vorher an der TU die Unruhen gewesen, und alle meine älteren Kollegen waren, wie ich es sage, „68er-beschädigt“. Sie haben nicht nur die Studenten gehaßt, sondern auch untereinander kein Vertrauen gehabt. Es lag im Fachbereich eine Spannung in der Luft, die man hätte schneiden können. Tagtäglich konnte man das spüren; es war manchmal ein richtiger Kampf.

P.K.: Da mußt du einen großen Impuls hineingebracht haben, denn schon drei Jahre nach deiner Berufung wurdest du zum Vizepräsidenten der Universität gewählt.

D. Kennedy: Bevor sie mich berufen haben, hatten sie wahrscheinlich nicht mal mein Curriculum vitae gelesen. Sie dachten, ich sei ein konservativer Amerikaner. Dann kam ich und war fortschrittlich. Ich vertrat die Auffassung, daß ein Akademiker Marx gelesen haben mußte. Nicht, um Marxist zu sein, sondern einfach um verstehen zu können, was mit den Studenten los ist. Und schon wurde ich als Marxist bezeichnet. Ein komischer Ökologe, Marxist ... meine Professoren-Kollegen merkten, daß sie einen Fehler gemacht hatten, und wollten es an meiner Arbeit ausbaden, was dazu führte, daß ich keine Räume für meine Lehrveranstaltungen bekam. Sie wollten mich auf diese Weise aushungern. Mir blieb nichts anderes übrig, als ein paar ansonsten leerstehende Räume zu besetzen.

Dann wurde von einem Kollegen für die Zeit von Weihnachten bis Neujahr eine Exkursion in die USA organisiert. Dieser Kollege bat mich, diese Exkursion zu übernehmen, weil seine Frau krank geworden war. Wunderbar! Ich hatte Pittsburgh mit in die Exkursion genommen und beschlossen, dortzubleiben, bis das Semester wieder begann. Vorher hatte ich dem Präsidenten der TU geschrieben, daß ich nur dann zurückkommen würde, wenn ich Räume bekäme. Außerdem würde ich die Fortzahlung meines Gehalts erwarten, denn es war nicht meine Schuld, daß ich keine Räume hatte. Das hat ihn so beeindruckt, daß er mich ein Jahr später darum bat, mich zur Wahl zum Vizepräsidenten zu stellen. Damals war es so, daß alle, die Lehrenden und Studierenden, den Präsidenten und die Vizepräsidenten gewählt haben. Ich bekam 65 Prozent der Stimmen! Ein starkes Ergebnis, denn vorher waren die Wahlen immer nur mit einer sehr knappen Mehrheit ausgegangen. Mir zeigte das, daß ich inzwischen die Menschen erreicht hatte.

P.K.: War das Thema Ökologie angekommen? Oder haben die Menschen sich für etwas anderes an dir begeistern können?

D. Kennedy: Ich bin einfach ein interessierter Mensch. Wenn ich jemandem begegne, dann interessiere ich mich dafür, was ich von diesem Menschen lernen kann. Ich bin einfach bereit, mit jedem Menschen zu sprechen, und das habe ich auch damals getan. Dann nannten sie mich damals irgendwann „scheiß-liberal“. Na ja, das war also diese Spannung, in die ich damals geraten bin, die nicht nur eine inhaltliche war, sondern auch eine politische und eine praktische. Die neue Wohnung, meine Frau in Pittsburgh, das Kind bei mir, eine Sprache, die nicht meine Muttersprache war – alles war in einer Spannung. Aber ich war glücklich!

Die Permakultur als Prinzip des Lebens

Bill Mollison

P.K.: Kaum zu fassen! Du hattest lauter Baustellen um dich herum, widrigste Umstände zu bewältigen und warst trotzdem glücklich.

Wie ihr damals, in Kriegszeiten, den Garten bestellt habt, findet sich heute in den Methoden der Permakultur wieder. Wann und wie hast du diese kennengelernt?

D. Kennedy: Das war in den 1980er Jahren. Margrit hatte durch ihre Beschäftigung mit der Ökologie in städtischen Räumen einen Architekten kennengelernt, der mit Bill Mollison und David Holmgren in Kontakt war. Es gab, auch schon in Deutschland, erste Experimente mit lebenden Häusern. Als Bill Mollison schließlich nach England reiste, haben wir ihn nach Berlin eingeladen. Das war im Mai 1981, und im Herbst kam er wieder, weil er auf dem Weg nach Stockholm war, um den Alternativen Nobelpreis entgegenzunehmen.

Auf dem Rückweg sind wir mit ihm nach Australien geflogen und haben dort während eines mehrmonatigen Aufenthalts die Ausbildung gemacht. Margrit und ich brachten dieses Konzept danach nach Europa. Etwas später veranstalteten wir zusammen mit ihm in Berlin den ersten europäischen Permakultur-Kurs. Aus diesem Kurs ging eine siebenköpfige Gruppe hervor, die sich ein halbes Jahr lang in Berlin jeden Samstag traf, um sich mit den Kursinhalten gründlich zu beschäftigen. Danach waren wir soweit, daß wir mit den Ideen in die Öffentlichkeit gehen konnten. In der Nähe von Schweinfurt fand dann der erste Kurs für Permakultur in deutscher Sprache statt.

P.K.: Als Mensch tragen wir alle einen speziellen Impuls in uns, dem wir folgen. Meistens ist die Welt dafür nicht ideal beschaffen. Widerstände tauchen auf, und es ist geboten, mit dem Vorgefundenen nicht einfach zufrieden zu sein, sondern stets das Bestmögliche daraus weiterzuentwickeln. Die innere Welt, die inneren Antriebe und Lebensimpulse müssen in eine möglichst günstige Beziehung zu den äußeren Verhältnissen gesetzt werden, um Gedeihen zu ermöglichen. Ist das Permakultur im Leben?

D. Kennedy: Ja, absolut! Das ist Permakultur im Leben. Care for the earth, care for the people – achte auf die Erde, achte auf die Menschen – und dann verteile gerecht, Fair share. Das ist die dritte Ethik der Permakultur. Care for the people war immer in meinem Handeln. Im August dieses Jahres gab es bei einer Feier meines 80. Geburtstags eine Rede mit dem Titel „Declan, der Möglichmacher". Ich suche immer nach dem Potential einer Person und danach, wie man das fördern kann. Heute bezeichnet man das als Empowerment, als Ermächtigung, Stärkung einer Person.

P.K.: Könnte man das in einem Satz verdichten, der sagt, was eigentlich Permakultur ist?

D. Kennedy: Permakultur ist der Entwurf für ein System, um das Potential in dem, was man vorfindet, besser erkennen und handhaben zu können. Es geht um die Optimierung des Ganzen, nicht um die Maximierung von einer bestimmten, isolierten Sache. Heutzutage spritzt man den Apfelbaum, wenn er Probleme hat, und sieht nicht auf seine Umgebung. Warum ist er erkrankt? Was ist in seiner Umgebung zu tun, um ihm zu helfen? Permakultur ist ein systemisches Design.

P.K.: Gegebenes, Vorgefundenes aufgreifen zu können, um es weiterzuentwickeln, entspricht der Rolle von uns Menschen auf Erden.

D. Kennedy: Man kann die Schöpfung studieren, um erkennen zu können, wie sie selbst gemeint ist, wie sie funktioniert. Wir Menschen haben uns im Laufe der Zeit immer mehr verändert. Dabei haben wir immer wieder Dinge und Prinzipien ausgelassen, die im Zusammenhang mit der Schöpfung wichtig sind. Schon im 19. Jahrhundert wußte man z.B. sehr viel über die gegenseitige Unterstützung, die verschiedene Pflanzen einander geben. Aber wir haben dieses Wissen verloren, weil wir das Wissen in dem Design nicht berücksichtigt haben, nach dem wir unsere Welt gestaltet haben.

P.K.: Durch alles, was wir auslassen, entstehen in den Systemen Brüche. Das ist so, besonders dort, wo viele Menschen zusammenleben, also in städtischen Ballungszentren. Wie kommt die Permakultur in der Stadtplanung an? Welche besonderen Schwierigkeiten und Möglichkeiten begegnen einem da?

Systemisch denken und handeln

D. Kennedy: Wir maximieren meistens nur eine Sache zur Zeit. Der Zusammenhang, das System, ist uns zuwenig bewußt. Wenn du einen Stuhl baust, machst du einen perfekten Stuhl. Aber du denkst z.B. zuwenig über das verarbeitete Holz nach. Es gibt nicht nur den Gegenstand Stuhl, sondern auch das System. Man baute besonders in den 1970er Jahren Haus für Haus Siedlungen, berücksichtigte aber nicht oder zuwenig das System der Siedlung, also die Schulen, die Einkaufsgelegenheiten, die Transportwege usw. Die Maximierung einzelner Teile oder Bereiche ist das Problem.

In Rußland hatte man damals ein Planungssystem, durch das man beim Siedlungsbau zuerst mit der Straßenbahn begann. Logisch, denn die Arbeiter mußten ja erst mal dahin kommen. Danach folgten vielleicht Einkaufszentren, weil die Menschen etwas zu essen brauchen. Und erst ganz zuletzt wurden die Häuser der Siedlung gebaut.

P.K.: Ich verstehe das als organische Entwicklung.

D. Kennedy: Als ökologische Entwicklung, sogar mehr logische als ökologische Entwicklung.

P.K.: In jeder Städteplanung realisieren sich im Idealfall die Bedürfnisse der künftigen Bewohnerschaft. Gibt es darin Grenzen für dich? Könntest du auch eine Kaserne oder einen Schlachthof planen?

D. Kennedy: Ich habe kein Problem mit einem Schlachthof, sondern damit, daß die Schlachtung industrialisiert wird, wenn es um einen Megaschlachthof geht. Wenn wir Fleisch essen, müssen wir einen Schlachthof haben. Darin sollten wir es für die Tiere so gut machen, wie wir nur können. Durch Jahrhunderte hindurch haben wir das dezentral gemacht. Viele, die Fleisch gegessen haben, haben selbst geschlachtet. Auf den Bauernhöfen war das etwas ganz Gewöhnliches.

P.K.: Hängt also die ökologische Qualität eines Vorhabens von der Größe der Umsetzung ab?

D. Kennedy: Ja, das gilt für alles! Auch Eiscreme ist wunderbar – wenn man nicht zuviel davon ißt.

P.K.: Die Größe ist im 21. Jahrhundert zu einem eigenartigen Kriterium geworden, wenn von einem „too big to fail" gesprochen wird. Da nimmt man die schlichte Größe als Kriterium für Systemrelevanz. Das führt dazu, daß auftretende Probleme nicht wirklich gelöst werden, sondern daß statt dessen deren Folgen externalisiert, also vergemeinschaftet werden. Und das wird uns auch noch als alternativlos verkauft.

D. Kennedy: „Too big to fail" ist die Erfindung von Leuten, die sich selber schützen wollen. Dahinter steht keine vernünftige Begründung. Zu groß ist sogar dafür prädestiniert zu scheitern. Nehmen wir z.B. Dunlop-Reifen; dahinter standen früher vielleicht 20.000 Reifenmacher in der Welt. Dann wurde Dunlop-Reifen immer größer und größer. Als dann durch die Größe bedingte Schwierigkeiten auftraten, haben Hunderttausende Menschen ihre Arbeit verloren. Das ist nur ein Beispiel, aber wir haben so etwas mehrere Male erlebt. Auch die Schlachthöfe sind ein Beispiel dafür, was geschieht, wenn etwas zu groß wird: Es breiten sich Krankheiten aus. Es gibt irgendwann den Punkt, an dem etwas zu groß wird. Und alles wird durch das Effizienzstreben getrieben.

P.K.: Hinter diesem Streben ist meistens das Geld der treibende Faktor. Mit Geld wollen Menschen mehr Geld machen, statt Vernünftiges zu bewirken.

D. Kennedy: Ich habe nichts gegen Kapitalisten, wenn sie sich ihrer Verantwortung bewußt sind und nicht gierig immer mehr Geld scheffeln wollen.

Wann ist etwas wirklich effizient?

P.K.: Daß etwas scheitern muß, wenn es zu groß geworden ist, belegen Schumachers Thesen. *Small is beautiful*; heute erkennen wir das anhand vieler Tatsachen.

Universitätsklinikum Aachen

Ich möchte noch etwas anderes ansprechen, und zwar den Zusammenhang von Funktion und Wirkung. Die Pyramiden hatten eine bestimmte Funktion, sie dienten einem besonderen Zweck. Aber sie sind auch einfach schön und wirken. Oder das Klinikum in Aachen, das die häßlichste Klinik ist, die ich kenne, in der aber, rein funktional betrachtet, eine effiziente Medizin betrieben wird. Das Klinikum funktioniert für seinen Zweck sehr gut, wirkt aber fürchterlich.

D. Kennedy: Funktioniert es für seinen Zweck wirklich sehr gut? Vielleicht schaffen sie es dort, daß mehr Leute gesund werden. Viele Kliniken schaffen das nicht, sondern sie verbreiten sogar noch Krankheiten. Viele Menschen sterben aufgrund von Infektionen, die sie erst im Krankenhaus bekommen haben. Und bekommen sie z.B. gesundes Essen? Keineswegs! Das Essen, selbst in kleineren Kliniken, ist schlimmer als in einer schlechten Hochschul-Mensa.

P.K.: Kann man sagen: Was guttut, ist schön?

D. Kennedy: Ja, ich stimme mit dir überein und sage zum Klinikum Aachen: Das ist alles andere, aber nicht schön! Lediglich die Funktionalität ist dort maximiert.

P.K.: Ein kleines Kind, das noch keinen persönlichen Geschmack ausgebildet hat und dem aus dem gesellschaftlichen Kontext noch keine Präferenzen nahegebracht wurden, hat noch ein unmittelbares Verhältnis zum Schönen und Häßlichen. Darin erlebt es auf seine Art, was ihm guttut oder ihm schadet. Kann man das aufgreifen, wenn es um Fragen des Designs geht? Es ist ja eine Art des Erlebens, die ganz natürlich in einer sehr tiefen Schicht unseres Wesens verankert ist. Ich kann mich als Mensch vielleicht auch später noch dadurch leiten lassen, daß ich etwas als schön oder als häßlich erlebe.

D. Kennedy: Ich glaube, daß du darin recht hast. Sehen wir einmal auf unseren eigenen Aufbau. Wir haben zig Millionen Zellen in unserem

Körper, die alle verschieden sind. Jede Zelle ist anders und insofern einzigartig. Und wenn wir in eine mittelalterliche Stadt gehen, sehen wir lauter ähnliche Gebäude, die aber nie genau gleich sind. Die Winkel sind nicht gleich, man hat große und kleine Fenster, Fachwerkwände. Das finden wir schön, denn es entspricht unserer eigenen zellulären Struktur. Wenn wir aber ein Gebäude wie die Marburger Universität oder das Klinikum Aachen anschauen, finden wir das langweilig, häßlich, weil es genormt, überall gleich und darum ganz anders ist als unsere zelluläre Struktur. Es entspricht nicht unserem eigenen Aufbau.

Sieh einmal die Astern hinter dir. Das sind ganz viele, alle sind sich ähnlich, aber keine gleicht einer anderen genau. Das finden wir schön; genau wie die Kinder. Dieses Erlebnis ist uns angeboren. Das Kind kann damit noch umgehen, ohne es zu intellektualisieren.

P.K.: Eine Fabrik, in der Stühle hergestellt werden, wird konstruiert. Es gibt Fertigungsbereiche – ein Konzept, das einen ganzen Produktionsfluß abbildet. Am einen Ende kommt das rohe Holz in die Fabrik, und am anderen Ende kommt der fertige Stuhl heraus. Das verläuft alles hocheffizient und funktional, wenn es gut geplant ist.

D. Kennedy: Nein, es ist nicht effizient und funktional! Schon darum nicht, weil jeder Mensch einen anderen Po hat. Charlie Chaplin hat mit seinem Film *Modern Times* eine wunderbare Kritik an der Industrialisierung geliefert. Die hätten wir aufnehmen sollen!

P.K.: Ja, wir haben immer mehr einen normierten Massenmarkt geschaffen. Wir glauben, daß das zugleich einem Weg zur Perfektion gleichkommt. Aber es gibt nichts Perfekteres als die Natur, gerade weil sie nicht überall gleich ist, sondern Individualisierungen zuläßt und sogar fordert.

D. Kennedy: Das ist aber nicht effizient, wie es normalerweise verstanden wird. Effizienz wird in unserer Wirtschaft durch Geld, also durch den Maximierungswahn getrieben. Der Aufwand soll weniger werden, bei gleichzeitiger Steigerung der Erträge. Das bedeutet im kapitalistischen Sinne Effizienz. Eine Sache, ein Ding, einmal produziert, kann tausendfach genau gleich wiederholt werden. Hinzu kommt, daß immer weniger unserer Gebrauchsgüter repariert werden können. Man muß sie immer wieder neu kaufen. Das nennt man im Kapitalismus effizient. Aber ist es das wirklich?

Das Prinzip Natur: Vielfalt statt Monokulturen

P.K.: Wenn man Effizienz definiert, indem man feststellt, daß mit geringem Aufwand ein hoher Ertrag erwirtschaftet wurde, folgt man paradoxerweise genau dem Prinzip der Natur. Der Energiebedarf unseres Körpers ist bezüglich der Leistungen, die wir hervorbringen können, recht klein. Gleiches gilt eigentlich für alle natürlichen Wesen und Systeme. Das Prinzip der Effizienz entpuppt sich allerdings als falsch bzw. als lebensfeindlich, wenn es mit dem monetarisierten Gewinnstreben zusammengebracht wird.

D. Kennedy: Das Prinzip der Natur ist in eigener Art effizient, indem es nie nur an einer Stelle etwas maximiert, sondern immer im großen Zusammenhang. Natur schafft keine Monokulturen, aber das machen wir mit den Fabriken und mit der Industrialisierung. Statt dessen müssen wir den Gesamtertrag optimieren, also von den Einzelerträgen wegkommen, denn diese maximieren zu wollen ist falsch. In der Permakultur geht es darum, daß man das Gesamte fördert, also Bedingungen schafft, in denen einzelnes gut gedeihen kann. Das läßt sich auf alle Lebensbereiche anwenden.

P.K.: Schwäche der Monokultur und Stärke der Vielfalt: Dazu fällt mir Sepp Holzer mit seinem sogenannten Krameterhof ein, auf dem er genau das in unwirtlicher Höhenlage umgesetzt hat. Er hat die Flächen bewußt vielfältigst bepflanzt und damit eine Landwirtschaft geschaffen, die sichtlich resilienter ist als all die Monokulturen, von denen sein Hof umgeben ist.

D. Kennedy: Er nennt es auch Permakultur, obwohl er es aus eigenen Erfahrungen geschaffen hat. Das war in der gleichen Zeit, in der Bill Mollison [siehe Seite 159] und David Holmgren in Australien ihre Ideen entwickelt haben. Sepp Holzer denkt immer im Sinne von Gesamtertrag, selbst dann, wenn er nur eine einzige Pflanze an eine bestimmte Stelle pflanzt.

Das kann man mit der Musik vergleichen. Da hast du eine Violine, mit der du eine, höchstens zwei Noten miteinander spielen kannst. Oder du hast ein Klavier, mit dem du zehn Noten gleichzeitig spielen kannst. Noch komplexer ist eine Orgel, weil du auch noch mit den Füßen spielst. Aus allen Möglichkeiten kann man eine Sinfonie entwerfen. Das ist Komposition. Und dann komponiert einer wie Mahler, ein anderer wie Beethoven, trotzdem ist alles wunderbar harmonisch. Genauso kann man es auch mit Landschaften machen. Aber auch dann gibt es Unterschiede, denn in Irland komponiert man anders als in Deutschland oder Spanien, worin sich die verschiedenen Kulturen wiederfinden.

Eigentlich müßte ich die depressivste Person an diesem Tisch sein. Ich arbeite seit 1968 in der Ökologie. Ich schaue die Welt an; ein Teil der Ökologie ist Beobachtung, und ich sehe, daß der Zustand der Welt immer schlimmer wird. Obwohl wir viele Möglichkeiten haben, nutzen wir unsere individuellen Potentiale noch zuwenig. Wir haben alles effizient gemacht, betreiben eine Bildung, durch die an die bestehende Welt angepaßt wird. Das geht so weit, daß die Firmen praktisch die Schulen und Hochschulen übernehmen, indem sie bestimmen, was dort gelehrt wird. Das gleiche passiert mit den Zeitungen, die keine Meinungsvielfalt mehr wiedergeben.

P.K.: Im Gegensatz zu den 1960er- und 1970er Jahren ist ökologisches Denken aber kein Nischenthema mehr. Da hat sich viel getan. Man wird nicht mehr belächelt, wenn man sich darum bemüht. Das Thema Ökologie hat in den zurückliegenden vierzig Jahren sehr an Bedeutung und Akzeptanz gewonnen.

D. Kennedy: Du sprichst mir aus dem Herzen, denn ich sagte ja eben, daß ich eigentlich die depressivste Person an diesem Tisch sein *müßte*. Ich bin es aber nicht! Ich sehe, daß jede Generation ein kleines Wunder vollbracht hat. Ich glaube an Wunder. Jeder Mensch ist ein Wunder. Du bist eins, ich bin eins, mit all den Zellen in unserem Körper. Die wirken alle so zusammen, daß wir einigermaßen gesund sind. Was ist das für ein System! Was ist das für ein toller Entwurf!

Erneuerung der Bildungssysteme

Es gibt noch die Möglichkeit, alles zusammenzubringen. Dafür müssen wir nur mit unserem langweiligen Bildungssystem aufhören, denn das nützt uns gar nichts. Hören wir auf mit all den Monokulturen in unserem Denken. All diese Modeerscheinungen, die durch die Medien gepuscht werden, führen zu einer Monokultur nach der anderen.

P.K.: Kann man sagen, daß das ökologische Thema in den letzten Jahren an Bedeutung gewonnen hat, während sich das Bildungssystem verschlechtert hat? Was sagst du dazu aus deiner persönlichen Lebenserfahrung? Du hast ja erzählt, daß du vor 75 Jahren auch schon nicht gern zur Schule gegangen bist.

D. Kennedy: Für das Bildungssystem wünsche ich mir eine komplette Öffnung. Vertrauen wir doch den Kindern, daß sie wissen, was sie brauchen. Wir sollten dafür den Raum und die Atmosphäre schaffen, daß sie es bekommen können, wenn sie es brauchen. Ist ein Kind weniger klug als eine Eichel? Die Eichel weiß, wie sie zu einem großen Baum wachsen kann – und tut es. Unsere Kinder können auch alle groß und stark wie eine Eiche werden – noch größer, noch stärker sogar.

P.K.: Ein solches Bildungssystem würde Raum für das Individuelle schaffen, es würde Eigenarten zulassen, ohne normieren zu wollen.

Klar, daß das dem Gesamtertrag zugute käme! Und auf dem ökonomischen Feld ist es nicht anders.

D. Kennedy: Sieh mal die Schweiz an mit ihrem WIR-System. (http://www.wir.ch/de/wir-kunden/das-wir-system/) Darin sind viele kleine und mittlere Firmen aktiv. Wenn die Wirtschaft in eine schwierige Phase gerät, können sie sich gegenseitig helfen. Demgegenüber hat Nestlé riesige Probleme, die sich so einfach nicht überstehen oder lösen lassen. Man hat dort groß, aber eben nicht ganzheitlich gedacht. Aber genau darauf kommt es an.

In der ökologischen Problemlage selbst liegt die Lösung. Dies ist meine Erfahrung aus über 50 Jahren Arbeit in verschiedenen ökologischen Bereichen. Einige dieser Erfahrungen habe ich beleuchtet und kann eine positive Bilanz daraus ziehen, obwohl ich mir sehr darüber im klaren bin, daß parallel zu unserem Bemühen um Nachhaltigkeit viel Schlimmes auf dieser Erde passiert. Die dem zugrunde liegenden Fehler sind nicht geschehen, weil wir etwa nicht wußten, was zu tun ist – nein. Sie sind deshalb geschehen, weil wir andere Schwerpunkte in ökonomischen und politischen Bereichen gesetzt haben und dabei das ökologisch Notwendige ignoriert haben. Wir lassen es zu, daß durch unser Finanzsystem eine kleine, einflußreiche Elite aufgrund von Macht und Gier immer wieder Katastrophen entstehen läßt, die uns global betreffen. Auch wenn es uns als Menschheit letztlich schlechter geht, ist unsere eigene Kreativität größer, viel größer, so daß wir auf allen Ebenen einen System- und Bewußtseinswandel schaffen werden, der uns in wahre Fülle und Freude führen wird. Ich bin ein unverbesserlicher Optimist, das gebe ich zu!

Die Wirkung des Verbundenseins

Interview mit Tonny Tromp und Ute Wilms-Tromp

von Peter Krause

Tonny Tromp *ist seit vielen Jahren Lehrer an der Waldorfschule im niederländischen Heerlen. Auf dem Bauernhof aufgewachsen, ist es ihm ein Anliegen, den Kindern ein gutes Verhältnis zur Natur und zum praktischen Leben zu ermöglichen. Er engagiert sich intensiv für den anthroposophischen Hintergrund der Waldorfpädagogik und ihre im Christlichen verankerte spirituelle Dimension. Seine Ehefrau* **Ute Wilms-Tromp** *ist Psychotherapeutin mit eigener Praxis in Aachen. In den vielen Jahren ihrer beruflichen Tätigkeit hat sie ihren Ansatz zur Verbindung von Psychotherapie und Anthroposophie immer weiter entwickelt. Neben der therapeutischen Praxis arbeitet sie auch allgemein beratend und als Supervisorin.*

Kinder sind in gewisser Weise personifizierte Zukunft. Sie bringen Impulse mit sich, die erst im Laufe der Zeit die Lebensverhältnisse verändern und gestalten werden. Aufgrund eines spirituellen Welt- und Menschenbildes können solche Impulse als Ausdruck von Erfahrungen in einer vorgeburtlichen geistigen Welt und als Nachklang vorangegangener Erdenleben verstanden werden. So ungewöhnlich sich eine solche Sichtweise für manchen Menschen auch ausnehmen mag, liegt darin der Ausgangspunkt für die Pädagogik Rudolf Steiners, die u.a. in den Waldorfschulen angewendet wird.

Neben der Tatsache, daß der Alltag das Bewältigen von gewohnten und zuweilen ungewohnten Aufgaben erfordert, können wir uns mit einem geistigen Bereich der Welt verbunden wissen, der mit dem Alltag und seinen Ereignissen aufs Engste korrespondiert. Die Welten des Daseins und des Seins sind keine getrennten, sie durchdringen und bedingen einander. Wer davon ausgeht, wird sein Leben anders erfahren und gestalten. Ein spirituelles Welt- und Menschenbild verändert aber auch die Art des Umgangs des Menschen mit sich selbst. Folglich wird eine darauf gegründete Psychotherapie auch mit anderen Tiefenschichten von Welt und Bewußtsein rechnen. Ute Wilms-Tromp hat dafür ihre eigene Expertise entwickelt, die sich inhaltlich genau mit dem deckt, was ihr Ehemann Tonny Tromp als erfahrener Waldorflehrer als das Wesentliche im Umgang mit Kindern beschreibt.

Peter Krause: Beginnen wir mit einem Zitat von Rudolf Steiner [siehe Seite 25] aus seinem Buch *Allgemeine Menschenkunde als Grundlage der Pädagogik*. Da heißt es:

„Da ist ein Mensch, von dem gehen Beziehungen zur ganzen Welt, und in jedem einzelnen aufwachsenden Kind habe ich etwas, was in der ganzen Welt eine Bedeutung hat. Wir sind da im Schulzimmer: In jedem Kinde liegt ein Zentrum von der Welt aus, vom Makrokosmos aus. Dieses Schulzimmer ist der Mittelpunkt, ja viele Mittelpunkte für den Makrokosmos. Denken Sie sich: lebendig das gefühlt – was das bedeutet." (Rudolf Steiner: *Allgemeine Menschenkunde als Grundlage der Pädagogik*, GA 293, Dornach 1975)

Das Kind als Mittelpunkt der Welt

Jedes Kind wird als ein Mittelpunkt der Welt gesehen. Das ist ein wunderbarer Hintergrund für die Stimmung, aus der heraus Kinder in der Schule unterrichtet werden können, denn es macht deutlich, wie verantwortungsvoll und ehrfürchtig dieser Aufgabe nachgegangen werden sollte.

Tonny Tromp: Das Individuelle eines jeden Kindes ist sehr wichtig! Dennoch haben wir ja den Unterricht in ganzen Klassen. Daß wir eine ganze Gruppe von Kindern ansprechen, also das Individuelle über den Weg der Gemeinschaft aller Kinder ansprechen, ist in den Niederlanden außerhalb der Waldorfschulen verpönt. Man will das einzelne Kind direkt ansprechen, individuell, und übersieht die Bedeutung des Allgemeinen. Jedes Kind ist ein Mittelpunkt der Welt, ja, aber eben *der Welt.* Die darf man nicht außer acht lassen!

P.K.: Das eine ist, daß man einen Menschen als den Mittelpunkt einer Welt sieht. Da schwingen sicherlich meistens sehr viel Liebe und Zuwendung mit. Etwas anderes ist es, wenn ein Mensch sich selbst als Mittelpunkt der Welt fühlt. Das kann in unserer heutigen Welt eine durchaus unangenehme Erfahrung sein. Es gibt sehr viel, was nicht schön und angenehm ist. Da will man nicht gern Mittelpunkt sein. Also sollte man vorsichtig sein, wenn man sich daran begibt, sich als Mittelpunkt der Welt zu fühlen, sonst könnte es einen schnell umhauen.

Ute Wilms-Tromp: Es wird das Vertrauen berührt. Das Schlechte in der Welt untergräbt das Vertrauen und fördert das Mißtrauen. Aber wir sollten der Entwicklung der Welt und den Menschen vertrauen können. Dieses Vertrauen sollte man fördern. Kann ein Mensch der Welt vertrauen, auch wenn Schlechtes darin ist? Mir fällt dazu ein Zitat von Rudolf Steiner ein:

„Wir müssen mit der Wurzel aus der Seele ausrotten Furcht und Grauen vor dem, was aus der Zukunft herandringt an den Menschen. Wie bangt und ängstigt sich der Mensch heute vor allem, was in der Zukunft liegt, und besonders vor der Todesstunde. Gelassenheit in bezug auf alle Gefühle und Empfindungen gegenüber der Zukunft muß sich der Mensch aneignen, mit absolutem Gleichmut entgegensehen allem, was da kommen mag, und nur denken, daß das, was auch kommen mag, durch die weisheitsvolle Weltenführung uns zukommt." (Rudolf Steiner: *Erkenntnis und Unsterblichkeit,* Vortrag vom 27.11.1910, GA 40a, Dornach 2002)

T. Tromp: Ich als Lehrer muß mich fragen: Was brauchen die Kinder eigentlich? Sie leben in einer bestimmten Altersstufe, z.B. in der Altersstufe von sieben bis vierzehn Jahren. Darin brauchen die Kinder erst einmal etwas, was für alle Kinder das gleiche ist, denn es hat mit typischen Entwicklungsphasen zu tun, in denen sich der Mensch in diesem Alter befindet. Wie kann man das Gefühlsleben der Kinder ernähren? Was ist dafür geeignet? Das sind Bilder, die sie bekommen, die mit denjenigen Bildern übereinstimmen sollen, die sie von sich aus in ihrem tieferen Wesen mit sich tragen.

P.K.: In die Kinderwelt gehören die großen Probleme der Welt ganz sicher nicht hinein. Also Umweltzerstörung, Kriege, Nöte usw. Das belastet die Kinder auch deswegen so stark, weil sie all das noch nicht verändern können. Das ist für die Erwachsenen anders. Und doch könnte man auch für Erwachsene fragen: Wie wirken Bilder? Bilder des Guten und Schönen? Ute, hast du dafür vielleicht ein Beispiel?

U. Wilms-Tromp: Bezogen auf die persönliche Anamnese, in der ja viel Nicht-Gutes zutage tritt, ist das Bild von einem Komposthaufen passend.

Da werden Abfälle gesammelt, aufgeschichtet und mit Erde bedeckt. Wenn man dann nach einer Weile nachsieht, ist aus den Abfällen die beste Gartenerde geworden. Das aus dem Nicht-Guten dennoch Gutes entstehen kann, kann in diesem Bild jeder Mensch bejahen.

P.K.: Und wie hilfst du den Menschen dabei, das umzusetzen?

U. Wilms-Tromp: Das ist individuell ganz unterschiedlich. Im Prinzip kommt es darauf an, den Menschen ihren unversehrten Wesenskern ins Bewußtsein zu rücken. Daraus kann sich der Drang entwickeln, für das Gute zu sein. Man kann die Menschen darin stärken, zu sehen, was ist, kann aber zugleich auch auf Gelegenheiten hinweisen, in denen es möglich ist, im eigenen Umfeld das Gegenbild zum Schlechten zu entwerfen.

Mit dem großen Zusammenhang verbunden

P.K.: Welche Rolle spielt dabei die Nacht? Am einen Tag besprichst du etwas mit einem Menschen, und dann vergeht eine Nacht, vielleicht auch mehrere, bevor ihr euch wiederseht. Was geschieht inzwischen?

U. Wilms-Tromp: Das Besprochene kann sich durch die Wirkung der Nacht setzen. Die geistige Welt arbeitet mit am Geschehen, an der Integrierung. Der Mensch will ja das Besprochene in seinen Alltag integrieren und erkennt, daß er damit beginnt, an das eine oder andere zu denken. Der Nachklang ist angenehm, denn man kann bestimmte

Dinge plötzlich anders sehen. Eigentlich ist die Zeit, die vergeht, dasjenige, was die Bedeutung einer Therapie zum Leben erweckt.

T. Tromp: Jedes Kind verarbeitet die im Unterricht vermittelten Bilder ganz individuell. Das geschieht vor allem in der Nacht. An den folgenden Tagen kommen wir im Unterricht darauf zurück, und jedes Kind findet einen ganz eigenen Ausdruck dafür, wie das aufgenommene Bild sich in ihm selbst verändert hat. Das entspricht einer ganz eigenen, individuellen Art. Ich glaube nicht, daß es sinnvoll ist, den Kindern lauter verschiedene Dinge an die Hand zu geben, sondern daß es etwas Allgemeines, Stimmiges ist, was von jedem Kind individualisiert wird. Man kann etwas geben, mit dem sich jedes Kind persönlich, in eigener Art verbinden kann. Auch dabei kann man dem Kind natürlich helfen.

Die Verbindung ist der wichtigste Begriff. Die Kinder kommen auf die Erde, werden geboren und gehen dann ihren Weg, um sich mit der Erde, in ganz eigener, individueller Art, zu verbinden. Dabei begleite ich die Kinder.

P.K.: Jeder Mensch lebt in dieser Welt und ist mit ihr verbunden, ist aber zugleich Individualität, unverwechselbarer Mittelpunkt seiner Welt. Ich verstehe dich so, daß du dazu beiträgst, die Verbindung des individuellen Menschen mit der großen allgemeinen Welt zu verstärken bzw. in einer guten Art eintreten zu lassen. Dazu verwendest du für die Inhalte des Unterrichts allgemein wirksame Bilder, die in den Seelen der Kinder nachklingen und so wirken können.

T. Tromp: Für den Vorgang der Verbindung eines Kindes mit der Welt kann man als Lehrer nur wirklich großen Respekt haben. Und was ich tagsüber erzählt habe, geht durch die Nacht. Da wirkt es. Für das Kind ereignet sich nachts eine ganz eigene, persönliche Spiegelung dessen, was es tagsüber erlebt hat. Man fragt darum nicht schon am selben Tag zurück, die Wiederholung beginnt am nächsten Tag.

P.K.: Es finden also die individuellen Bilder und die großen allgemeinen Wahrheiten der Welt zueinander?

U. Wilms-Tromp: Ja, genau! Man findet einen Anschluß an das große Ganze. Das Individuum ist nachts eins mit der Welt. Was in ihm dabei entsteht, ist die Verbindung mit dem Ganzen. Darin kann man schrittweise Ruhe finden. Am Ende einer Therapie sollte das der Frieden mit allem sein, was vorher gequält hat.

Alltagserfahrungen und innerer Frieden

P.K.: Tonny, du hast eben die innere, die spirituelle Seite beschrieben. Es gibt aber auch noch die ganz irdische, alltägliche Seite. Zwischen dem einen und dem anderen Schultag erleben die Kinder den ganz normalen Alltag. Sie erfahren die ganz gewöhnlichen Freuden und Leiden des Lebens. Es erreichen sie auch Sorgen, Nachrichten von Kriegsereignissen und einer immer mehr verbreiteten Not. Wie gehst du damit um? Sprichst darüber im Unterricht?

T. Tromp: So wenig wie möglich. Ich würde diese Erfahrungen ja nur verstärken, wenn ich zuviel darüber rede. Es gibt andere Schulen, die machen das als erstes. Da sollen die Kinder erzählen, was sie erlebt haben, und es kommen die schrecklichsten Dinge zum Vorschein. Aber meine Aufgabe ist es doch nicht, negative Erfahrungen zu verstärken und damit noch andere zu quälen. Schlimme Erfahrungen begleiten die Kinder, ja, und diese Erfahrungen fließen auch mit hinein in die Schule. Manches muß auch besprochen werden. Ich mache aber nicht regelmäßig die Runde, um derlei Erfahrungen abzufragen.

Die Kinder nehmen natürlich manches mit in die Klasse, z.B. die Bilder aus Computerspielen. Das sind Bilder der Technik, denen sie damit begegnen. Das kommt mit ihnen in die Klasse, indem sie sich entsprechend benehmen, vielleicht auffällig werden. Meine Überzeugung geht dahin, daß ich das heilen kann, wenn ich lebendige und schöne Bilder vermittle, die in das entsprechende Alter wirklich hineingehören.

P.K.: Und wenn Kinder von sich aus das eine oder andere ansprechen? Wenn sie erzählen wollen von dem, was ihnen begegnet und widerfahren ist?

T. Tromp: Wenn so etwas von den Kindern kommt, nehme ich es natürlich auf, aber ich frage nicht von mir aus danach. Wenn große Ereignisse angesprochen werden, frage ich die Kinder schon mal, wer das Problem denn lösen soll? Ich verdeutliche dann, daß es nicht ihre Sache ist, sich darum zu kümmern, sondern daß sie sich erst um Dinge kümmern sollen, die zu ihrem eigenen Alter passen. Um die Probleme der Welt sollen sich die Erwachsenen kümmern, nicht die Kinder!

P.K.: Ich kann mir vorstellen, daß Eltern den Wunsch haben, daß du im Unterricht das eine oder andere ansprichst, von dem du aber überzeugt bist, daß es in die Kinderwelt noch nicht hineingehört. Was sagst du zu diesen Eltern?

T. Tromp: Kinder verfügen noch nicht über die Fähigkeit, den Problemen der Welt einen richtigen Platz in der eigenen Seele zu geben. Das können Erwachsene. Also muß ich mit Kindern so sprechen, daß sie es verstehen und verarbeiten können. Dazu gehört, daß auf jeden Fall auch Lösungen aufgezeigt werden, denn sonst bleibt das Problem als Trauma in der Kinderseele hängen.

P.K.: Gerade diese Art, über Probleme zu sprechen bzw. eben nicht zu sprechen, führt dazu, daß den Waldorfschulen vorgeworfen wird, daß sie eine heile Parallelwelt schaffen, die mit den alltäglichen Wirklichkeiten nichts zu tun hat.

T. Tromp: Die Frage ist doch: Was ist denn die Wirklichkeit? Wenn ich über die alltäglichen Wirklichkeiten spreche, muß es doch so sein, daß die Kinder damit etwas anfangen können. Was können sie mit dem Krieg in Syrien anfangen?

P.K.: Nehmen wir mal nicht den Krieg in Syrien, sondern ganz naheliegende Ereignisse: Eltern streiten sich, oder ein Arbeitsplatz geht verloren. So etwas spielt in die Kinderwelt direkt hinein, und sie können es trotzdem nicht beeinflussen oder gar lösen.

T. Tromp: Wenn sie damit ankommen, werde ich es mit ihnen teilen. Ich kann im Gefühl und Handeln Verständnis für den Kummer aufbringen, den die Kinder erleben. Aber direkt etwas tun, um die Lage an sich zu verändern, kann ich ja auch nicht. Wenn ich meinen Unterricht so mache, daß die Kinder mal frei von ihren Sorgen sein können, ist das ja auch etwas. Die Kinder einige Stunden des Tages ganz unbeschwert sein zu lassen, das ist mir ein Anliegen!

P.K.: Erlebst du, daß die Eltern selbst auch Sehnsucht nach dem Positiven, nach den Bildern des Guten haben? Auch Erwachsene brauchen Nahrung für ihre Seelen.

T. Tromp: Manchmal gelingt das, daß man Erwachsenen den Zugang zu den guten Kräften der Welt zeigen kann. Man kann das aber nicht allgemein sagen, denn das ist sehr individuell. Man kann auf jeden Fall Trost geben, indem man erst einmal zuhört. Daß die Eltern erzählen können, ist wichtig. Und muß die Reise wirklich zu Ende sein, wenn die Brücke eingestürzt ist, oder gibt es vielleicht noch einen anderen Weg?

U. Wilms-Tromp: Solche Erfahrungen sind – ich sage das jetzt besonders für Erwachsene – wie ein Tal, durch das man durch muß. Das sind Momente, denen man sich nicht mehr gewachsen fühlt. Wenn jemand das fühlt, kommt es darauf an, daß der Mensch wieder den Anschluß an seine ureigenen Motive findet. Erst dann kann der Mensch wieder in der Welt agieren. Durch eine solche Krise werden faktisch, wenn sie überstanden wird, neue Kraft und neue Ideen geschöpft. Krisen haben darum eine wichtige Bedeutung im Leben.

Anthroposophie und Psychotherapie

P.K.: Anfang des 20. Jahrhunderts kamen sowohl die Psychoanalyse und die Psychotherapie, aber auch die Anthroposophie auf. Es geht um Selbsterkenntnis, der Mensch beschäftigt sich mit sich selbst. Und auch die Seele wird plötzlich für die Medizin wieder interessant. Dennoch: Rudolf Steiner hat Kurse zu allen möglichen Berufszweigen gegeben, aber keinen zur Psychotherapie! Wie unterscheiden sich Anthroposophie und Psychotherapie voneinander, bzw. was ist für dich das Besondere an der Anthroposophie?

U. Wilms-Tromp: Rudolf Steiner hat dreimal nahegelegt, daß er einen solchen Kurs hätte geben können. Er wurde aber nicht danach gefragt. Das ist leider so! In meinem Berufsstand könnten wir andernfalls ganz anders arbeiten und müßten uns nicht alles überall – bei den Pädagogen, den Medizinern, den Theologen, den Heilpädagogen – zusammensuchen.

Das Besondere an der Anthroposophie im Vergleich zur Psychotherapie ist, daß die Anthroposophie das Individuum nicht so sehr auf sich selbst fixiert sieht, sondern die Verbindung in den Vordergrund rückt, die wir alle zueinander haben. Wir sind doch alle eins, eine Menschengemeinschaft, worin die Menschheit erlebt werden kann. Wir gehören als Menschen ebenso zusammen wie die Glieder und Zellen eines Leibes. Das ist das Schöne, daß in der Anthroposophie zwar das Individuum gesehen wird, aber nicht losgelöst vom großen Ganzen.

P.K.: Was hätte Rudolf Steiner wohl als Rahmen für eine anthroposophische Psychotherapie geschaffen?

U. Wilms-Tromp: Ich kann mir vorstellen, daß er die Dreigliederung sehr betont hätte. Wo sind Freiheit, Gleichheit und Geschwisterlichkeit? Wo hat was seine Berechtigung? Auch die Herkunft des Menschen, also das Schicksal, ist wichtig. Das Schicksal kann man lesen lernen, ebenso Dispositionen, die von den Planeten und vom Tierkreis herrühren. Man kann den Menschen nicht nur von seiner familiären, sondern auch von seiner geistigen Herkunft her verstehen. Das spielt in der „normalen" Psychologie überhaupt keine Rolle.

P.K.: Nehmen wir eine Familie, Eltern und Kinder, die mit ganz normalen Problemen des Lebens konfrontiert werden: Streit mit den Nachbarn, Arbeitslosigkeit, Sorgen um die Zukunft, Krankheiten usw. Was verändert die Empfindung, daß wir Menschen alle eins sind, in den Auseinandersetzungen mit ganz alltäglichen Problemen, Sorgen und Schmerzen? Was macht man mit dem Wunsch, in ganz konkreten alltäglichen Situationen von einem Gesamtbild auszugehen?

U. Wilms-Tromp: Wir alle müssen durch die verschiedensten Lebenserfahrungen hindurch auf das Wesentliche gestoßen werden. Manches erkennen wir Menschen von uns selbst aus eben nicht. In Krisen geraten wir, um uns etwas Neues erarbeiten zu können. Das kann durch eine therapeutische Begleitung unterstützt werden, aber viele Menschen erleben einen therapeutischen Prozeß bereits, wenn sie eine Krankheit oder einen Unfall überstehen. Darin liegt immer ein „Komm zu dir, damit du wieder in die Welt gehen kannst."

P.K.: Was sollte den Kindern gegeben werden, damit sie solche Prozesse gut überstehen können?

U. Wilms-Tromp: Sicherheit und Vertrauen! Es kommt darauf an, daß sich die Kinder in der Welt sicher fühlen. Dann sollten die Kinder fühlen können, daß sie in diesem Schutz die eigenen Erfahrungen machen dürfen. Sie werden unserer Kultur entsprechend eine gewisse Form entwickeln müssen. Aber darin sollen sie immer erleben, daß sie ein Recht darauf haben, ihre eigenen Gefühle leben zu dürfen. Wenn es gutgeht, lernt ein Kind, sich mit sich selbst zu verbinden, damit es sich mit der Welt verbinden kann.

Teil 5
fairventure®-Kurse

von Peter Krause

fairventure®-Kurs „aktiv-zukunft-leben"

von Peter Krause

Einführung in die christlich-anthroposophische Weltsicht und spirituelle Schulung

Wir Menschen der Gegenwart beanspruchen, daß wir die Antworten zu den wichtigsten Fragen im Leben individuell finden wollen und können. Zu der aus Freiheit erlangten Erkenntnis und Entscheidung gibt es nur schlechte Alternativen. Insofern freie Entscheidungen auf der Fähigkeit beruhen, sich an dem zu orientieren, was die innere Stimme zu uns spricht, ergibt sich die Relevanz spiritueller Orientierung. In einem Fernkurs können Sie sich die Grundlagen einer spirituellen Weltsicht und Schulung auf anthroposophisch-christlicher Grundlage erarbeiten bzw. bereits vorhandenes Wissen darüber vertiefen.

Der Kurs ist so konzipiert, daß Ihr Erleben der Natur vertieft wird. Zugleich erfahren Sie, wie eine spirituelle Lebensführung gestaltet werden kann. Zu den drei Gebieten Kontemplation, Meditation und Gebet werden Übungen vorgestellt und Anwendungsfelder beschrieben, die in den persönlichen Alltag integriert werden können. Spiritualität im Sinne der Anthroposophie verbindet mit der Welt des Alltäglichen, indem das Bewußtsein für die Gegenwart der geistigen Welt verstärkt wird.

Der Fernkurs ist in vier Teile gegliedert. Sie können an Kolloquien teilnehmen und einen Abschlußtest absolvieren, zu dem Sie ein Zeugnis bekommen.

Die einfache Teilnahme am Kurs kostet 90 Euro (bei einer Bearbeitungszeit von bis zu drei Monaten).

In unregelmäßigen Abständen werden **Kolloquien** angeboten, an denen Sie gegen eine Gebühr teilnehmen können. Termine und Kosten erfahren Sie auf Anfrage.

Den **Abschlußtest mit Zeugnis** können Sie für eine Gebühr von 60 Euro absolvieren.

Zu den Inhalten dieses Fernkurses bieten wir auch Vorträge, Workshops und Retreats (Auszeiten).

Zur Anmeldung besuchen Sie bitte die Webseite von Peter Krause:

www.aktiv-zukunft-leben.de

fairventure®-Kurs *„Wirtschaft"*

von Peter Krause

Lernen, wie man die Welt um sich herum verändern kann

Leben ereignet sich in dauerndem Wandel. Daran sind wir alle aktiv und passiv beteiligt. Immer mehr Menschen wollen sich für eine gute Zukunft engagieren, weil sie merken, daß es in den ausgetretenen Pfaden so nicht weitergehen kann. Die Initiative, die für nachhaltige, ökologisch sinnvolle Lebensweisen entfaltet wird, erfordert, wenn sie effektiv sein will, ein gewisses Grundwissen zu Fragen der Ökonomie und des Geldes. In einem Fernkurs können Sie sich dieses Wissen nun systematisch erarbeiten.

Das erworbene Wissen wird Ihnen helfen, sich wirksam in privaten, gewerblichen oder bürgerschaftlich organisierten Initiativen zu engagieren. Sie erarbeiten sich für den privaten oder beruflichen Alltag die wichtigsten betriebswirtschaftlichen Grundkenntnisse, lernen Komplementärwährungen kennen und erfahren vieles zu den Zusammenhängen, die man kennen sollte, wenn man auch auf wirtschaftlichem Gebiet die Welt und das Leben zum Guten verändern will.

Der Fernkurs ist in vier Teile gegliedert. Sie können an Kolloquien teilnehmen und einen Abschlußtest absolvieren, zu dem Sie ein Zeugnis bekommen.

Die einfache Teilnahme am Kurs kostet 90 Euro (bei einer Bearbeitungszeit von bis zu drei Monaten).

In unregelmäßigen Abständen werden **Kolloquien** angeboten, an denen Sie gegen eine Gebühr teilnehmen können. Termine und Kosten erfahren Sie auf Anfrage.

Den Abschlußtest mit Zeugnis können Sie für eine Gebühr von 60 Euro absolvieren.

Sehr gern werden auch Angebote für Gruppen, Schulklassen, Vereine usw. gemacht. Die dafür anfallenden Kosten und möglichen Settings werden individuell ausgearbeitet.

Zur Anmeldung besuchen Sie bitte die Webseite von Peter Krause:

www.aktiv-zukunft-leben.de

Autor und Titelbildgestalterin

Peter Krause studierte Kunst, Pädagogik, Theologie und Betriebswirtschaft. Als Journalist und Buchautor beschäftigt er sich vor allem mit ökologisch sinnvoller Wirtschaft und dem medizinischen Leistungsbereich. Zu diesen Themen sind von ihm mittlerweile einige Bücher erschienen. Außerdem schreibt er für verschiedene Zeitschriften und ist Redakteur eines Pflegemagazins. Er lebt und arbeitet in Herdecke und Mitchell-Bay (Kanada).
Im Internet: www.aktiv-zukunft-leben.de
Dort können auch Vorträge und Seminare mit ihm angefragt werden.

Die Titelbildgestalterin

Ada Magdalena Grull, geb. 1986 in Flensburg, erlangte im September 2014 den Abschluß Master of Arts in Kommunikationsdesign, Schwerpunkt Typografie und Gestaltung, an der Muthesius Kunsthochschule in Kiel. Sie gestaltet Printmedien, Bücher, Broschüren, Kataloge, Flyer, Plakate, Logos, Infografiken. Kontakt für Gestaltungsaufträge: adagrull@t-online.de

Autor und Titelbildgestalterin

[illegible]

Die Titelbildgestalterin

[illegible]

FLENSBURGER HEFTE 114

Ende oder Neubeginn?

Die Menschheit am Scheideweg

Die alte Welt und die alte Ordnung wanken und brechen vielerorts zusammen. Das Jahr 2011 war ein Jahr ohne Gnade: die fast aussichtslose Verschuldung von immer mehr westlichen Ländern ist offenbar geworden, die Weltmacht usa bröckelt zunehmend, die Kernschmelze in Fukushima war eine Warnung, diktatorische Regime in den arabischen Staaten wurden von der Bevölkerung gestürzt.
Gleichzeitig erlebt man überall, wie die Menschen aufwachen, wie sie sich nicht mehr gefallen lassen, was ihnen allerorten geboten wird. Wer sich umschaut, entdeckt vielfältigste Initiativen mit neuen Ideen. Diese sogenannte Graswurzelbewegung macht nicht mehr mit bei der alten Ordnung.
Mit diesem Buch werfen wir einen vielseitigen Blick auf die Bewegungen und Umbrüche unserer spannenden Jahre.

Leander Bindewald, Michael Engelhard, Alfred von Euw, Valentin Garbe, Peter Krause, Bernard Lietaer, Gunter Pauli, Peter Scholl-Latour, Maria Scordialos, Tina Weber, Wolfgang Weirauch

178 Seiten, 26 sw. Bilder, kart. 16.- € ISBN 978-3-935679-70-1

FLENSBURGER HEFTE 115

Organspende

JA UND NEIN

Das Thema Organspende berührt den Tod und das Leben des Menschen existentiell. Ist der Mensch wirklich tot, wenn man sein Gehirn für tot erklärt? Was geschieht wirklich, wenn man den menschlichen Leib öffnet und die Organe entnimmt?

In diesem Buch geben wir Anregungen zum Nachdenken. Es kommen Menschen zu Wort, die unmittelbar betroffen sind, ob als Patienten oder als Mediziner. Wir befassen uns mit den Organentnahmen in anthroposophischen Kliniken, dem Organspende-Busineß und den dunklen Seiten im Falle der unfreiwilligen Organexplantation.

Mit Beiträgen von: Avichai Apel, Dr. Markus Barten, Dott. Paolo Bavastro, Andreas Cerny, Prof. Dr. med. Volker Fintelmann, Peter Krause, Matthias Klaußner, Prof. Dr. med. Ulrich Kunzendorf, Kurt Mandelkow, Dr. med. Sören Melsa, Ferdinand Netzer, Dr. med. Stefan Schmidt-Troschke, Uwe Schulz, Rolf Martin Turek, Wolfgang Weirauch

208 Seiten, 77 sw. Bilder, kart., 16.- € ISBN 978-3-935679-72-5

Flensburger Hefte 119

Ware Mensch

In den Ketten des Geldes

Die Welt gerät immer weiter aus den Fugen. In diesem Buch wird dargestellt, wie die zunehmende Monetarisierung des Lebens auch den Menschen selbst in seinem innersten Wesen erreicht. Es geht um den Angriff auf das menschliche Ich, der schleichend bereits weit fortgeschritten ist. Sie erfahren, wie verbreitet Sklaverei weltweit – auch in Deutschland – immer noch ist, wie Menschen durch ritualisierte Gewalt in ihrem Willen gebrochen werden und wie menschliche Leiber, lebendig oder tot, rücksichtslos zur Handelsware werden. Interviews mit weiteren sachkundigen Menschen ergänzen die erschütternden und authentischen Darstellungen von Peter Krause.

Mit Beiträgen von: Prof. Dr. Dr. Johan Galtung, Peter Krause, Heidemarie Schwermer, Jan Temmel, Wolfgang Weirauch

192 Seiten, 39 sw. Bilder, kart. 16.- € ISBN 978-3-935679-81-7

Flensburger Hefte 100

Dein Hunger ist mein Hunger

Mit dem 100. Flensburger Heft möchten wir den Blick weit hinaus in die Welt richten; denn wer in die Welt schaut, erkennt sich selbst.– Jeder achte Mensch auf dieser Erde hungert; täglich verhungern 100.000 Menschen. Und dieser Hunger ist kein Schicksal, sondern menschengemacht.

Lesen Sie in diesem Buch die erschütternden Berichte über den Hunger in dieser Welt und die Überheblichkeit des europäisch-amerikanischen Verhaltens gegenüber anderen Kulturen. Blicken Sie mit uns nach Gaza und Peru, zu den Rettungsaktionen der Cap Anamur und darauf, wie einzelne Menschen sich als Vorbilder im Dschungel, in der Wüste, auf dem eigenen Bauernhof engagieren.

Wir hoffen, daß unser Jubiläumsfunke auf Sie überspringt – denn wir alle sind gemeinsam gefragt, unser Denken und Handeln zu ändern, wenn wir diese Erde und die auf ihr lebenden Menschen noch retten wollen.

Mit Beiträgen von: Lisei Caspers, Mona el-Farra, Michael Engelhard, Harald Kiczka, Matthias Klaußner, Heidi Küblbeck, Hernán Garrido Lecca Montañéz, Rupert Neudeck, Susanne Scholaen, Peter Scholl-Latour, Lindela Sommer, Reinhard Sommer, Wolfgang Weirauch, Jeannette Weller, Marita Wiggerthale

208 Seiten, 77 sw. Bilder, kart., 16.- € ISBN 978-3-935679-43-5